TERMOSTATO FINANCIERO

TERMOSTATO FINANCIERO

CÓMO REPROGRAMAR TU PARADIGMA Y VENDER MÁS SEGUROS DE VIDA

CÉSAR FERNÁNDEZ

MISIÓN

TERMOSTATO FINANCIERO
Publicado Por Editorial Misión

Copyright © 2025 por César Fernández

Primera Edición Diciembre 2025

ISBN Libro Tapa Blanda: 978-1-958677-47-6
ISBN Libro Tapa Dura: 978-1-958677-48-3

Para obtener más información, envíe un correo electrónico a info@EditorialMision.com

Editorial Misión publica libros simples y útiles para emprendedores, *coaches*, conferencistas y dueños de negocio, con la intención de impulsarlos a transformar vidas con su mensaje. Nuestros libros son fáciles de crear y rápidos de leer, diseñados para solucionar un problema en específico. Editorial Misión ofrece un proceso sencillo para permitir que los emprendedores y dueños de negocios se beneficien de la autoridad que proviene de tener un libro, sin la molestia y el compromiso del tiempo normalmente asociado con definir, estructurar, escribir, corregir, editar, diseñar, publicar y promover su obra.

¿Tiene usted la idea de escribir un libro que transforme vidas?
Visite: www.EditorialMision.com para más detalles.

MISIÓN

ÍNDICE

DEDICATORIA

A ti, Elizabeth Rodríguez...

Mi esposa, mi amor, mi compañera de vida, mi socia en los negocios y en los sueños.

La mejor decisión que he tomado en esta vida... eres tú.

Gracias por caminar conmigo en la cima y en el abismo.

Por sostenerme cuando todo se rompía.

Por amarme incluso cuando yo me perdía.

Eres mi refugio y mi impulso. Mi certeza en los días nublados.

La voz que me recuerda quién soy cuando lo olvido.

La fuerza silenciosa detrás de cada victoria.

Esta obra también es tuya. Porque sin ti, yo no estaría aquí.

Porque en cada página, en cada lección, en cada palabra... estás tú.

Por todo lo que hemos construido, por lo que aún nos espera,

y por esa vida abundante que decidimos manifestar...

Gracias, mi amor. Te amo con todo lo que soy.

Y a ti, agente de seguros...

Sí, a ti que estás leyendo esto buscando respuestas, dirección, un sistema, un camino...

Este libro es para ti.

Para ti que sabes que puedes lograr más. Que has sentido el fuego interno...

pero que a veces te ahogan las dudas, el caos, el miedo o la rutina.

Yo también estuve ahí. Perdido. Frustrado. Cansado de darlo todo... sin romper ese techo invisible.

Me tomó cinco años descubrir el sistema correcto... y dos años más perfeccionarlo con cientos de agentes.

Hoy, lo pongo en tus manos. No como un manual frío, sino como una guía viva. Un proceso probado. Un mapa para que dejes de sobrevivir... y empieces a liderar.

Este libro es tu herramienta, pero la transformación... esa será tu decisión.

Si estás dispuesto a reprogramarte, a elevar tu estándar,

a liderar tu vida con propósito, conciencia y resultados extraordinarios...

entonces este libro será un antes y un después en tu carrera.

Aquí comienza el nuevo capítulo.

Uno donde tú tomas el control.

Uno donde dejas de vender seguros... y empiezas a vender *seguridad, legado y futuro.*

Vamos por todo. Porque tú también naciste para liderar.

¡¡Te veo en la CIMA!!

PRÓLOGO

por Dr. Marcelo González

Recuerdo con absoluta claridad la primera conversación que tuve con César Fernández, a finales de 2022. Yo estaba en el frío Toronto; él, en el cálido norte de México. Frente a mí tenía a un hombre que había vivido de todo: éxito, reconocimiento, caídas y silencios. Pero lo que más me impactó fue su mirada: profunda, decidida, sin rastro de compasión ni deseo de convencer. Era la mirada de alguien que no buscaba aprobación, sino claridad.

Había en él una fuerza contenida, un fuego interno esperando dirección. Su historia hablaba de logros y conquistas, sí, pero también de miedos, heridas y una búsqueda sincera: entender qué parte de su historia lo había llevado hasta ese punto y cómo transformar esa experiencia en servicio. Mientras conversábamos, percibí en él un deseo genuino, casi urgente, de elevar su nivel de conciencia para impactar masivamente a los demás.

Supe entonces que estaba frente a un hombre que ya había ganado muchas batallas externas, y que ahora estaba listo para librar la más importante de todas: la batalla interior.

Le hablé de la mente, de los paradigmas, del poder de decisión. Le dije que la vida no cambia cuando las cosas mejoran, sino cuando uno mejora desde adentro. Que todo comienza con una decisión, una idea clara y una acción inmediata. Recuerdo perfectamente ese instante: fue breve, pero lleno de significado. César guardó silencio unos segundos, me miró con firmeza y tomó la decisión de su vida: convertirse en Consultor Certificado del Proctor Gallagher Institute, con todo el legado y la escuela de Bob Proctor, Napoleon Hill, Thomas Troward, Neville Goddard y otros grandes maestros del pensamiento y la conciencia.

Desde ese día no volvió a detenerse. Y sé que no se detendrá jamás.

El renacer de un líder

Ahí comenzó su verdadera transformación. Vi a César renacer. Lo vi romper viejos patrones, sanar heridas profundas, reconstruir su propósito y —lo más importante— volver a creer en sí mismo. Cada palabra, cada decisión y cada paso fueron una afirmación de algo más grande: que cuando un ser humano apuesta por sí mismo, el universo entero conspira a su favor.

Este libro es el reflejo vivo de ese proceso. No está escrito desde la teoría, sino desde la experiencia. Cada página es una cicatriz transformada en sabiduría. Cada capítulo, una prueba superada con fe, disciplina y propósito.

César no solo aprendió a vender más: aprendió a verse distinto. A reconocerse como un líder que inspira, un hombre que sirve y un creador consciente de su realidad. De ese aprendizaje nació **FC Coaching Co.**, un movimiento que ha encendido la conciencia de miles de agentes de seguros en toda América Latina. Una comunidad donde se enseña no solo a ganar más, sino a elevar la mente, expandir el espíritu y servir con propósito.

A través de su canal *Escuela para Agentes* en YouTube, este mensaje ha cruzado fronteras y se ha convertido en una fuente de esperanza y transformación para agentes de seguros en todo el mundo. Miles de ellos, al ver sus videos, han encontrado una luz, una guía y una nueva oportunidad para creer en sí mismos, recuperar su propósito y volver a amar la profesión que eligieron.

Lo que comenzó como un proceso personal se ha transformado en un movimiento continental que une, eleva y dignifica la profesión del agente de seguros, recordándole a cada uno que su verdadero poder no está en la venta, sino en la conciencia con la que sirve.

Del esfuerzo al propósito

César Fernández ha demostrado que el éxito verdadero no depende de las circunstancias, sino de la conciencia y la acción alineada. Que la abundancia no se conquista, se sintoniza. Y que la misión de un agente de seguros va mucho más allá de una póliza: es proteger sueños, construir legados y elevar el valor humano a través del servicio.

Hoy, al leer este libro, te encontrarás con esa energía, con una filosofía que no enseña solo a vender, sino a transformar la mente, elevar el estándar y despertar el propósito. Porque este libro no es un manual de técnicas; es un mapa de conciencia para quienes están listos para dejar de sobrevivir y empezar a vivir desde el poder interior.

El legado de un propósito

César Fernández representa al nuevo líder latinoamericano: consciente, espiritual, determinado y con una misión clara —transformar la industria de los seguros a través del desarrollo humano y la expansión de la conciencia—.

A través de **FC Coaching Co.**, su mensaje se ha convertido en una ola de transformación que recorre países, cruza idiomas y conecta corazones. Ha construido una comunidad basada en el servicio, la disciplina, la mentalidad y el crecimiento continuo. Ha demostrado que la verdadera libertad no está en lo que uno gana, sino en quién uno se convierte en el proceso.

Por eso, este libro no solo inspira, también despierta. No solo enseña, también transforma. No solo habla de metas, sino de visión, fe y responsabilidad personal.

César lo entendió, lo vivió y lo transformó. Y eso es lo que vuelve este libro tan poderoso: no solo enseña a ganar, enseña **a despertar**.

A veces la vida te quita todo para recordarte quién eres. Y cuando eliges creer en ti, todo se alinea, todo fluye, todo se multiplica. Porque cuando apuestas por ti... ya ganaste.

Dr. Marcelo González
Presidente y Fundador de Consciencia en Movimiento S.C.
Vicepresidente de Ventas Globales en Español del
Proctor Gallagher Institute
Coach y miembro del equipo fundador en Voss Coaching Co.

INTRODUCCIÓN

¿Alguna vez has sentido que, por más que te esfuerzas, tus ingresos se quedan en el mismo nivel?

Te citas con clientes, haces llamadas, vendes, eres activo... pero al final del mes, tu cuenta se ve casi igual. Como si algo invisible estuviera controlando tus resultados. *Yo también estuve ahí.*

Y no fue una, ni dos veces. Fue un patrón. Un ciclo que se repetía. Una especie de tope que no podía romper. Hasta que descubrí algo que cambió por completo mi manera de trabajar, de ganar dinero... y de verme a mí mismo.

En este libro te voy a mostrar qué es, cómo funciona y, sobre todo, cómo puedes **reprogramar tu mente** para multiplicar tus ingresos sin tener que trabajar más horas ni desgastarte emocionalmente.

Porque el problema no está allá afuera. No es la economía nacional. No es la falta de clientes. El problema —y también la solución— está dentro de ti.

Soy agente de seguros desde el año 2013 y me siento profundamente apasionado por esta gran carrera, que me ha regalado enormes satisfacciones y valiosas lecciones. Es justo eso lo que quiero compartir contigo.

He reclutado, entrenado y formado equipos de alto rendimiento. He conocido las etapas buenas... y también las duras.

Y si algo he comprobado es esto: **la mayoría de los agentes no fracasa por falta de talento**, fracasa por una programación interna que les dice cuánto "merecen" ganar. Y ese número, muchas veces, lo aprendieron sin darse cuenta.

Yo también pasé por ahí. Tuve grandes logros, pero aunque vendiera más, aunque hiciera nuevos negocios, algo pasaba y no podía salir del mismo ingreso promedio.

¿Te suena familiar?

Si sientes que podrías estar ganando mucho más, pero "hay algo dentro de ti", que te frena, que te limita... entonces este libro es para ti.

Aquí no vas a encontrar motivación vacía ni magia. Vas a encontrar una **estructura clara**, basada en mi experiencia real y de muchos de mis estudiantes, para ayudarte a **elevar tu programación financiera** y romper ese techo invisible que tanto te ha limitado.

Vamos a trabajar desde adentro hacia afuera. Te voy a enseñar cómo usar tu mente a tu favor, cómo identificar el paradigma que te sostiene... y **cómo instalar uno nuevo**, alineado con la vida que realmente deseas.

No importa si llevas un mes o veinte años en esta industria. Si eres vendedor de seguros, tienes una oportunidad única en tus manos: puedes generar **ingresos extraordinarios** mientras ayudas a otros a **transformar sus vidas**.

Pero nada de eso sirve si tu mente sigue atrapada en el mismo nivel de siempre.

A lo largo de estas páginas vas a descubrir:

- Cómo identificar tu **programación financiera actual**

- Qué es el **paradigma** y cómo está afectando tus resultados

- Cuáles son las **facultades superiores** de tu mente y cómo usarlas

- Cómo **reprogramarte** con herramientas prácticas, claras y poderosas

- Qué **leyes** rigen tu éxito y cómo alinearte con ellas

Todo esto lo he probado yo mismo. Y no solo en mí, sino con centenas de agentes que hoy ganan el doble, el triple o más... después de haber aprendido lo mismo que tú vas a aprender.

Porque cuando descubres y cambias los elementos que te están deteniendo, todo lo demás cambia contigo.

¿El resultado? Vendedores que ya no viven con miedo, que ya no corren solo por alcanzar la meta mínima, sino que viven con propósito, con energía, con claridad.

Y eso es lo que quiero para ti.

Te prometo que, si aplicas paso a paso lo que te digo, **tu negocio va a cambiar.** Vas a dejar de sobrevivir para empezar a prosperar. Lo he visto muchas veces. Y lo mejor de todo es que no se trata de trabajar más duro, sino de desbloquear el poder personal que ya llevas dentro.

Así que te invito a leer estas páginas con mente abierta y corazón dispuesto.

Si sigues los principios que te revelo en este libro, vas a cambiar tu forma de pensar, vas a multiplicar tus resultados y vas a convertirte en ese agente de seguros que siempre supiste que podías ser.

¿Listo para hacer un cambio radical en tu vida y en tu negocio?

Entonces, empecemos.

CAPÍTULO 1
CUMPLIR EN TODO, DESTACAR EN ALGO

Mi camino profesional comenzó formalmente en el año 2004, dentro de la industria de los servicios financieros. Antes de eso, como muchas personas en Latinoamérica, tuve empleos desde muy joven. Siempre busqué la forma de aportar en casa, de ayudar, de valerme por mí mismo. Pero fue en 2004 cuando empecé de lleno en **una institución bancaria**. Ahí viví experiencias que, sin saberlo entonces, marcarían profundamente mi mentalidad y moldearían mi visión del dinero, del trabajo y de mí mismo.

Durante nueve años estuve en ese banco. Ingresé en un puesto que muchos consideran de entrada: Ejecutivo de Servicio (también conocido como cajero en ventanilla).

Ganaba $375 dólares al mes. No era mucho, pero en ese momento me bastaba. Y más allá del sueldo, yo me sentía feliz. Siempre he sido alguien que se esfuerza por hacer bien las cosas, por destacar, por marcar la diferencia.

Desde ese lugar, comencé a observar algo que encendió una chispa dentro de mí. Afuera de la ventanilla, en el área comercial, había ejecutivos que atendían a los clientes en sus propios escritorios, con cierto aire de autoridad. Ofrecían productos financieros: tarjetas, cuentas, inversiones, préstamos, seguros... más de setenta productos distintos. A mí me fascinaba verlos hablar, argumentar, cerrar ventas. Yo quería estar ahí. Sabía que tenía que prepararme, y así lo hice.

Me acerqué a la directora de la sucursal y le manifesté mi interés. Su respuesta fue tan directa como retadora: "Sigue cumpliendo con tus horarios, y además trabaja ocho horas extras sin paga para aprender lo que hacen los ejecutivos de cuenta". Ni lo dudé. Durante casi un año, me convertí en asistente de tres ejecutivos de cuenta y una gerente. Hacía de todo. Aprendí desde lo básico hasta lo estratégico: cómo abordar a un cliente, cómo ofrecer soluciones, cómo manejar objeciones. Me convertí en una esponja, absorbiendo todo lo que podía.

Finalmente, la oportunidad llegó. Fui promovido a Ejecutivo de Cuenta. Ahora tenía un tabulador oficial y un salario de $1,500 dólares al mes. Empecé a destacar rápidamente. No era suficiente con cumplir: **quería sobresalir**. Y fue entonces cuando un subdirector regional me compartió una frase que me acompañaría para siempre:

—Felicidades, cumples en todo... pero lo mejor es que **destacas en algo**.

Esa frase, simple y poderosa, se me quedó grabada. Desde ese momento, decidí que en cualquier lugar donde estuviera, buscaría **destacar**. En algo. En lo que fuera. Pero destacar. Convertí esa idea en una brújula personal. Y no me falló.

Gracias a ese desempeño, me ofrecieron una gerencia. Acepté de inmediato. Como director de sucursal, mi salario se elevó a $3,000 dólares mensuales. En términos financieros, había escalado rápidamente: tres años ganando $375, tres años ganando $1,500 y tres más ganando $3,000. Nueve años que me llenaron de orgullo, pero que también sirvieron para **instalarme** algo muy profundo en mi subconsciente... algo que en ese momento no sabía nombrar... pero que había quedado como un tatuaje.

A mis 29 años de edad, me citaron a la oficina. No sospechaba nada fuera de lo normal. Entré con la misma actitud profesional de siempre, sin imaginar que esa reunión marcaría un antes y un después en mi vida. Me dijeron, con voz firme pero sin rodeos: "Tu ciclo terminó". Así, de golpe. Sin aviso previo. Sin una señal. Agradecieron mi labor, destacaron mi entrega... pero la decisión era irreversible. Salí de ahí con una mezcla de incredulidad, enojo y una sensación de vacío difícil de explicar. Había dado todo por esa empresa. Había crecido ahí. Y en cuestión de minutos, **ya no tenía nada**.

Me vi obligado a moverme. A buscar opciones. Toqué puertas en otros bancos, postulé a vacantes, presenté mi trayectoria. Pero una y otra vez me decían lo mismo: "No te conocemos del todo, tendrías que empezar desde abajo." Y ese "abajo" no era simbólico. Era literal. Volver a ganar la mitad... o menos... de lo que ya estaba acostumbrado. Retroceder años de carrera. Empezar desde cero en un mundo donde yo ya me sentía consolidado.

Y fue en ese momento —doloroso, crudo, lleno de incertidumbre— donde realmente empezó el punto de quiebre. No el profesional... sino el personal.

EL SISTEMA INTERNO DE CREENCIAS

Yo no podía aceptar ganar menos. Algo dentro de mí decía: *tienes que seguir ganando $3,000 dólares al mes, porque eso es lo que vales.* Y ahí lo entendí, aunque tardé años en ponerle nombre: **mi valor estaba anclado a una cifra.** Tenía un **tope financiero** instalado en lo más profundo de mi mente. Un paradigma. Una idea inconsciente, poderosa y limitante sobre lo que yo merecía.

¿Quién me sembró esa idea? El sistema. La institución. Las estructuras invisibles que nos rodean y **nos programan** sin que lo notemos.

Esa cifra se convirtió en mi techo. Mi medida. Mi espejo.

Entonces, como algo caído del cielo, me presentaron la industria de los **seguros**. Me la vendieron como una carrera de libertad, con ingresos ilimitados, sin jefes, sin horarios. Me dijeron que con medio día de trabajo era suficiente. *¿Será cierto?* Pensé. Me sentí escéptico, pero también intrigado. Decidí probar.

Al mismo tiempo, surgió una oportunidad en un proyecto inmobiliario. Yo ya tenía experiencia en créditos hipotecarios por mi paso en el banco, así que no me era ajeno. Comencé a combinar ambas actividades: **seguros** entre semana, de 9 a 2 de la tarde; **ventas inmobiliarias** los fines de semana, con una guardia de 12 horas.

Y aquí viene lo revelador.

A los tres meses de haber iniciado, comencé a ganar nuevamente esos famosos $3,000 dólares mensuales. ¡Exactamente la cifra que había "perdido" al salir del banco! Y hoy lo comprendo con total claridad: no fue casualidad. Fue una **programación mental**. Mi mente subconsciente, alineada con ese valor, encontró la manera de volverlo a recuperar.

Así opera el paradigma. No importa cuánto te esfuerces o cuántas habilidades tengas. Tus **resultados financieros** estarán alineados automáticamente a tu **sistema interno de creencias**. Eso es, mi querido lector, lo que llamamos el **termostato financiero**.

Durante seis meses mantuve ese ingreso, combinando ambas actividades. Pero el proyecto inmobiliario llegó a su fin. Ya no me invitaron al siguiente. Había tenido tan buenos resultados que, paradójicamente, me sacaron del juego. El ambiente estaba amañado. Entre la gerente de ventas y dos vendedoras ya tenían el negocio repartido. No había lugar para alguien que destacara demasiado.

Me sentí desilusionado, pero no derrotado. Me dije a mí mismo: *ya sabes cómo lograr $3,000 dólares, ahora hazlo solo con seguros.*

Ese fue un punto de decisión. **Un momento crucial en mi vida**.

Fue entonces cuando tomé una resolución firme. Era enero del 2014. Me miré al espejo y dije: *ahora sí, vamos con todo.*

Veía cómo otras personas, con menos experiencia y habilidades, ganaban el doble que yo. *¿Cómo lo hacían?* Me daba rabia. No por ellos, sino por mí. Porque sabía que podía lograr más. Pero también comprendí que necesitaba ayuda para vender más seguros.

Fui con mi promotor y le pedí apoyo. Su respuesta fue directa:

—Ya no puedo ayudarte. Ya concluyó tu período de entrenamiento. Si quieres avanzar... contrata un coach.

Esa frase fue dura, pero también justa. Y ahí nació en mí un profundo respeto por el **coaching**. Entendí el valor de tener a alguien que te acompañe, que te rete, que te vea más grande de lo que tú te ves. Así fue que contraté un coach.

Su primera pregunta fue clara:

—¿Qué quieres lograr?

Respondí sin rodeos:

—Quiero duplicar mis ingresos. Quiero ganar **$3,000 dólares al mes** solo en seguros, sin depender de otra actividad.

Su respuesta me sacudió:

—Perfecto. Me gusta tu claridad. Ahora cuéntame: ¿cómo empieza tu día?

Le expliqué mi rutina. De lunes a viernes, trabajaba de 9 a 2. De 2 a 4 descansaba. ¿Y después? Después... no hacía nada productivo. Ni yo mismo recordaba en qué se me iba el tiempo.

Y fue ahí donde vino el primer cambio de paradigma:

—Tienes que trabajar la otra mitad del día —me dijo el coach—. **No puedes aspirar a resultados extraordinarios usando solo la mitad de tu jornada.**

Parece obvio, pero no lo es. La mente racionaliza la comodidad. Se acomoda en lo "suficiente". Yo estaba atrapado ahí, creyendo que con medio día bastaba. Pero no. **El éxito no se negocia con excusas.**

Comenzamos a trabajar todo el día. De 9 a 2 y de 4 a 7. Establecimos métricas claras: número de prospectos nuevos por semana, número de citas reales, mínimo de cuatro pólizas al mes.

Y lo logramos. Semana tras semana, con sesiones de coaching, revisión de resultados, repetición de ideas y ajustes precisos. Con **disciplina, seguimiento y mentalidad**, superé la meta. Alcancé **la mesa del millón de dólares**, clasifiqué para la convención internacional anual y me sentí más vivo que nunca. Entusiasmado. En control. Todo eso, en menos de un año. Solo por haber tenido el **apoyo correcto** y una **mentalidad afinada**.

Fue en ese mismo año que me casé con Elizabeth, la mujer que se ha convertido en el pilar de todo lo que soy. Y después, nació nuestro hijo Alex. Ese momento me marcó. No solo por la emoción de convertirme en padre, sino por una pregunta que empezó a resonar con fuerza dentro de mí:

¿Y ahora qué sigue?

Porque cuando logras lo que antes parecía imposible... te das cuenta de que lo imposible solo estaba en tu cabeza.

Y ahí es donde comienza la siguiente etapa.

¿Te das cuenta de cómo **nuestras creencias** definen lo que somos y lo que logramos?

Ese **termómetro financiero** que se instaló en mí fue real, fue poderoso... pero también fue transformable.

Y aunque parecía que todo estaba tomando rumbo, la vida tenía preparada una **lección más profunda**. Cuántas veces en la vida encontramos una cruda realidad: el éxito no está en lo que logras, sino en lo que aprendes cuando fracasas. Y eso duele. Porque cuando uno entrega el corazón, confía y se esfuerza, lo último que espera es que le cierren una puerta. Pero también es en esos momentos difíciles donde el alma se afila, donde se moldea el carácter de los verdaderos líderes. Lo que vino después no fue sencillo.

Esta experiencia (que te voy a describir más adelante), fue lo que necesitaba para despertar, sacudirme y empezar a ver el juego desde otro ángulo. Un ángulo que puede ayudarte a entender por qué **muchas veces perder es el primer paso para ganar.**

Prepárate, porque a partir de aquí, ya nada vuelve a ser igual.

CAPÍTULO 2

EL PODER
DE UN COACH

Cuando me invitaron por primera vez a los seguros, me hablaron de una gerencia. Me dijeron que, si cumplía todas las metas, si vendía, refería, ganaba bonos y calificaba a convención, me darían una posición directiva.

Usted viene de ser gerente, ¿verdad? Me preguntaron. *Pues haga lo que se le pide, y tendrá una gerencia en esta empresa también.*

Y esa promesa, para mí, fue como una llama que me empujó todo el año.

Hice todo. Vendí. Califiqué. Referí nuevos asesores. Gané premios. Cumplí con cada número, cada métrica, cada expectativa.

Y cuando sentí que era momento, fui a pedir lo que me habían ofrecido: mi gerencia.

La respuesta fue como un balde de agua helada:

—No es el momento. La promotoría no tiene buenos indicadores.

Así. Sin más. Sin importar el esfuerzo. Sin reconocer el compromiso.

Me sentí traicionado. Literalmente.

Había dado todo de mí. Había invertido mi energía, mi fe, mi constancia. Y me pagaron con una evasiva.

Ese golpe emocional fue profundo. Me desanimó. Empecé a perder la motivación. A cuestionar si valía la pena seguir. A preguntarme si de verdad este era el lugar donde quería crecer.

Y en ese mar de dudas... **cometí un error**.

Decidí volver al banco.

Mandé mi currículum. No pasó mucho tiempo antes de que uno me contactara. Me invitaron a una entrevista. Y acepté.

Volví a la banca en mayo de 2015.

Pero bastaron unas semanas para darme cuenta de que había cometido un gran error.

El sueldo era la mitad de lo que ganaba como agente de seguros. Ni $1,500 dólares al mes. Las mismas rutinas, las mismas juntas, la misma presión. Me sentía encerrado otra vez. Limitado. Sofocado.

Sí, logré ahorrar. Me compré autos nuevos. Vivía una aparente estabilidad. Pero dentro de mí, algo se rompía cada día. No era lo mío.

Y lo confirmé cuando noté algo sorprendente: seguía recibiendo comisiones de seguros, **aunque ya no estuviera vendiendo activamente**.

Las renovaciones seguían generando ingresos.

Dinero que caía a mi cuenta... sin que yo hiciera nada.

¿De verdad puedo vivir así? Pensé. *¿Por qué estoy encerrado en una oficina, renunciando a mi libertad, si allá afuera hay un sistema que sigue recompensándome por lo que sembré?*

Y ahí lo comprendí: el banco no era estabilidad. Era una jaula elegante.

Una nómina bien vestida, disfrazada de seguridad, pero con grilletes invisibles. Créditos a tasas bajas, bonos limitados, promesas difusas.

La esclavitud moderna no lleva cadenas... lleva recibos de pago.

Entonces desperté. De verdad desperté.

Miré a mi hijo. Encontré en su rostro las veces que teníamos que correr para dejarlo en la guardería a las siete de la mañana. Las veces que mi esposa y yo discutíamos para ver quién salía antes a recogerlo. Las veces que ninguno de los dos podía ir... y él tenía que esperar. Doce horas fuera de casa. Todos los días.

¿Eso era éxito? ¿Eso era calidad de vida?

No. No era lo que yo quería para mi familia. No era lo que yo quería para mí.

Así que tomé una decisión. Una verdadera decisión. **Renuncié al banco**. Me despedí del traje, del gafete, del escritorio fijo... y volví a los seguros.

Elizabeth, mi esposa, me miró y me dijo con una sonrisa:

—Al fin, amor. Gracias a Dios. El banco nunca fue para ti. Pero yo siempre estaré contigo, pase lo que pase.

Sus palabras fueron como un abrazo que me devolvió la vida. Ella siempre supo que yo estaba hecho para algo grande, para algo que encendiera mi alma. Y ese "algo" comenzó a tomar forma cuando **volví a creer en mí**, como un superhéroe que despierta tras una batalla perdida.

Los seguros para mí no son solo un trabajo. Son mi lienzo, mi oportunidad de pintar un futuro seguro para familias, de cuidar sus sueños más grandes. Cuando descubres cuánto vales de verdad, algo dentro de ti hace clic. Es como si algo dentro de ti hiciera clic, como un interruptor que ilumina todo. El mundo cambia ante tus ojos.

Ya no se trata solo de vender o ganar dinero, sino de **transformar vidas**, de abrir puertas, de compartir lo que aprendiste con tus caídas y victorias.

Este cambio no es solo mío, mi estimado guerrero de los seguros. ¡Es para ti también! Puedes dejar atrás lo que no te llena, y ver cada cliente como una gran aventura, cada charla como una semilla para cambiar vidas.

Pero espera... este despertar trae retos nuevos, emocionantes y duros. Si sigues leyendo, podrías descubrir **un poder** que ya vive en ti, uno que no necesita títulos ni aplausos. Es algo profundo, auténtico, ¡tuyo! ¿Te atreves a encontrarlo? Lo que viene puede encender una chispa que cambie para siempre cómo ves tu propósito.

CAPÍTULO 3

RENACER DESDE LA DECISIÓN

Al renunciar al banco por segunda vez, sentí algo muy profundo: *libertad*. Pero esa libertad que surge cuando sabes que estás tomando una decisión que no tiene miedo.

Volví a los **seguros** con determinación. No como quien regresa porque no le queda de otra, sino como quien vuelve porque, después de probarlo todo, reconoce con certeza dónde está su misión.

Y todo comenzó con una venta.

Uno de mis antiguos clientes del banco, a quien llamaremos Alejandro, me contactó buscando una inversión en moneda UDIS. El banco no tenía esa opción en ese momento, pero yo ya no estaba limitado por lo que el banco ofrecía.

Le dije que me diera oportunidad de visitarlo, que le explicaría cómo sí podía lograrlo.

Lo visité, le expliqué y, un mes después, cerramos una **póliza de vida con componente de inversión**.

Esa comisión fue el equivalente a lo que ganaba en un año completo como banquero. Una sola venta representó doce meses de ingresos condensados en una sola transacción.

Fue un antes y un después, un clic interno. Como si todo mi cuerpo me dijera con fuerza: *de aquí eres*.

La pregunta ya no era si quería dedicarme a esto. La verdadera pregunta era: *¿cómo puedo multiplicarlo?*

Le vendí más pólizas a ese cliente. En total, doce. Pero lo más importante no fue la cifra, sino lo que representaba: una **validación** de que estaba en el camino correcto.

Y entonces comencé a compartir. Hablé con excompañeros de trabajo, con quienes había compartido varias juntas, estrés y cafés mal servidos en la sala de espera. Les dije con franqueza: —Aquí estoy ganando cinco mil dólares al mes, sin aguantar a ningún jefe gritón, sin auditorías ni metas impuestas. Solo metas elegidas.

Al principio dudaron. Claro, es normal. Venimos programados para temer al cambio. Pero dos personas me dijeron: —A ver, cuéntanos bien qué estás haciendo.

Y así empezó la siguiente etapa. La etapa donde dejé de vender solo para mí... y empecé a **reclutar** para formar un equipo.

Dentro de la agencia de seguros en la que trabajaba, a la que llamaremos "Compañía X", el hijo del dueño se me acercó y me dijo: —Oye, tú tienes facilidad para invitar a personas. ¿Por qué no te enfocas en eso? Ayúdanos a atraer talento. Nosotros te pagamos una parte.

La idea me gustó. Pero puse una condición: seguir vendiendo. Porque la venta me apasionaba, me daba energía, me hacía sentir útil.

Aceptaron. Y ahí comenzó una etapa doble: **ventas de seguros** y **atracción de talento**.

Me lo tomé tan en serio que me certifiqué como ejecutivo especializado en atracción de talento. Empecé a invertir en plataformas, anuncios, entrenamientos. Reclutaba con el mismo amor con el que vendía: con propósito.

Durante un tiempo, me fue muy bien. Ganaba alrededor de **$3,000 dólares por ventas** y otros **$3,000 por reclutamiento**. Sumaban seis mil, pero no todo lo que brilla es oro.

Entre inversiones en publicidad, herramientas, entrenamientos y viáticos, al final del mes me quedaban... los mismos **$3,000 de siempre**.

¿Otra vez? ¿Otra vez el **termostato financiero**?

Sí. Porque aunque ya había cambiado de industria, de posición y de mentalidad, mi programación interna seguía operando en automático.

Y entonces dije: *si esto va a funcionar, que funcione en serio*.

Tomé una decisión radical. Dejé de vender pólizas y me dediqué exclusivamente a **reclutar**. Era un salto al vacío. Un quemar las naves.

Y los resultados llegaron. Empecé a ganar **5,000 dólares mensuales solo por atracción de talento**.

COMIENZA LA AVENTURA

Del dinero que ganaba, invertía una buena parte, sí. Pero lo veía como una empresa propia dentro de otra estructura, un negocio dentro del negocio.

El problema fue que, con el tiempo, a los dueños ya no les gustó pagarme tanto.

Las comisiones comenzaron a retrasarse. Las cuentas se tardaban semanas en "cuadrar". Ya no me pagaban al mes siguiente, sino a los dos meses... o más.

Un día, enfrenté una encrucijada: pagar un crédito bancario o cubrir los gastos del mes. Decidí cuidar la liquidez.

Pedí a la agencia que me depositaran en una nueva cuenta, no en la de siempre. Les advertí que si el depósito caía en la cuenta antigua, el banco lo retendría por la deuda.

Ese mes hicieron caso. Me pagaron en la cuenta nueva. Pero al siguiente mes... lo olvidaron. Y yo también.

Depositaban con retraso... y encima lo hicieron en la cuenta equivocada.

Resultado: el banco se cobró. Me quedé sin el ingreso. Apretado. Enojado.

Les reclamé. Les recordé que había enviado la solicitud por escrito.

Su respuesta fue devastadora: —Nos da igual. Si tenías problemas, al menos ahora debes menos.

¿Cómo puedes tratar así a alguien que te ha dado todo?

Ahí me di cuenta de que ese no era mi lugar. Yo había entregado mi corazón, mi tiempo, mis contactos, mis ideas. Había formado asesores que aún hoy siguen activos ahí... y ni así se me valoraba.

Pero no me victimicé. Al contrario. Vi la oportunidad de salir de ahí con la frente en alto.

Y como dice el refrán: *cuando el alumno está listo, aparece el maestro.*

Me llegó una invitación de otra compañía. Esta vez, una verdadera promotoría, donde me ofrecían un rol diferente: ya no como reclutador ni como vendedor, sino como **director junior de agencia.**

Un ingreso fijo de **$2,000 dólares**, más comisiones por lo que generara mi equipo.

Era la oportunidad que había estado esperando. El siguiente nivel.

Comencé con entusiasmo en esta nueva etapa. Era el año **2018**. Cerraba el ciclo con la "Compañía X" y abría uno nuevo con otra aseguradora que llamaremos "Compañía Y".

Trabajé bajo el ala de un **promotor senior**, quien me supervisaba. Yo reclutaba, entrenaba y vendía. Y los resultados eran visibles.

Mis ingresos mensuales rondaban los **$6,000 dólares**, pero mi jefe —mi promotor senior— ganaba **$50,000 dólares mensuales**... gracias a mi trabajo.

Sí, leíste bien. Yo hacía el esfuerzo. Él cobraba la gloria.

Y cuando sentí que era momento, pedí independizarme.

Solicité trabajar directamente como promotor. Con mis propios números. Con mi propia firma.

Al principio hubo resistencia. Nadie quiere soltar a quien genera el 80% del resultado. Pero los números eran tan evidentes... que no hubo forma de negarlo.

La aseguradora lo indemnizó... y me liberaron.

Yo comencé **2020** como **promotor independiente**, con mi propia agencia. Mía. Mía por completo.

Y ahí... comenzó una aventura que no imaginaba. La aventura de liderar, de crecer, de sostener a otros.

Empecé a contratar staff, a rentar oficinas, a pagar capacitadores. Por primera vez tenía una estructura completa bajo mi nombre.

Y cuando todo parecía estar por despegar... llegó la pandemia.

"Son solo dos semanas de encierro", dijeron.

Mentira. Fueron más de seis.

Y yo, con gastos fijos, sueldos comprometidos, oficinas vacías y clientes asustados... comencé a sentir miedo.

Sí, miedo. A los 36 años, con toda la experiencia acumulada, me sentí vulnerable.

¿Qué iba a pasar si las ventas bajaban a cero? ¿Cómo iba a pagarle a mi equipo? ¿Cómo sostener el sueño que apenas había empezado?

EL PROGRAMA DE DESARROLLO

Algo dentro de mí se encendió. Una memoria. Un eco de años atrás.

En 2018 había escuchado de un programa de desarrollo personal para agentes de seguros. Un coach internacional cobraba $7,500 dólares por su acompañamiento.

Recuerdo haber pensado: *me interesa... pero después*. Después, cuando me vaya mejor. Cuando gane más. Cuando tenga tiempo.

El problema es que el "después" nunca llega. Solo lo construye quien toma la decisión hoy.

Y en esa crisis del **2020**... me dije: *ya no hay después. Es ahora o nunca.*

Empecé a buscar ese programa. Lo encontré. Se llamaba **Thinking Into Results**, un programa de desarrollo profesional desarrollado por Bob Proctor y Sandra Gallagher para el Proctor Gallagher Institute. Y no solo me interesó... me obsesionó.

Empecé a ver videos, a escuchar audios, a leer sobre mentalidad, vibración, paradigmas, resultados.

Descubrí que el verdadero enemigo no era el virus... era el miedo programado que paraliza. El que te dice que te esperes. Que no te arriesgues. Que mantengas el *status quo*.

Y entonces tomé una decisión que cambiaría mi vida y la de muchos otros.

Me inscribí al programa. Y más aún: invité a mi staff y a mis agentes a tomarlo conmigo.

No les pregunté. Les dije: *vamos juntos. Vamos a cambiar nuestro paradigma como equipo.*

Porque si algo había entendido en todos estos años era esto: **el éxito no se sostiene solo. Se multiplica cuando se comparte.**

Y ahí fue donde todo empezó a moverse de verdad. Porque cuando das un paso con fe, algo se activa. Es como si el universo dijera: *al fin estás listo.* Pero no basta con decidir. También hay que sostener la decisión con acción, con visión, con un equipo que crea contigo, que sueñe contigo. Y justo ahí, cuando parecía que habíamos dado un salto enorme... nos dimos cuenta de que apenas habíamos tocado la superficie.

Lo que venía después no solo pondría a prueba nuestra nueva mentalidad, sino también nuestra capacidad de soltar lo que ya no servía, de dejar ir lo cómodo para abrirle espacio a lo que realmente merecíamos. Fue fuerte, sí. Pero fue necesario. Si estás dispuesto a ver lo que pasa cuando un equipo entero cambia su frecuencia... entonces da vuelta a la página. Porque lo que descubrimos a continuación puede ayudarte a reescribir tu historia también...

CAPÍTULO 4

EL ARTE DE SOLTAR PARA CRECER

Durante los últimos cinco años, había vivido bajo un **paradigma financiero**, un termostato invisible que regulaba mis ingresos sin que yo lo notara. Ese termostato decidía cuánto creía que merecía ganar, cuánto podía recibir y cuánto era "normal" para mí.

Y ahora puedo verlo con claridad.

Había meses en los que vendía tanto que podía generar $10,000 o hasta $15,000 dólares, pero al mes siguiente mis ingresos caían en picada. Ni siquiera llegaba a $3,000, y al siguiente, tal vez a $1,500, como si algo dentro de mí estuviera saboteando mi propio avance.

Lo curioso es que, en ese tiempo, apenas comenzaba a escuchar por primera vez la palabra **paradigma**. Seguramente ya la había oído antes, pero la asociaba con otra cosa. Para mí, un paradigma era como un récord. Eso de *"rompiendo paradigmas"*, *"rompiendo récords"*, todo sonaba igual... hasta que lo entendí.

No. Un paradigma no es un récord. Un **paradigma** es un conjunto de creencias, de hábitos, de ideas arraigadas. Es tu propia autoimagen. Es la manera en que te percibes y en la que te mueves por el mundo, aunque no seas consciente de ello.

¿Y de dónde vienen esas creencias?

Vienen de lo más cercano: **tu familia**, primero. Después, **la escuela**. Y más adelante, **tu entorno laboral**. Ahí se instala la idea de que hay que trabajar duro, estudiar, tener un empleo estable, obedecer, seguir las reglas para que no te falte lo básico. *"Con que tengas lo esencial, es suficiente"*, te repiten.

Esas son **las creencias que se arraigan**, y con ellas vienen también **los hábitos**.

Un hábito que he visto mucho en los agentes de seguros es este: durante los primeros veinte, treinta o incluso cuarenta días del trimestre, apenas se mueven. Pero en los últimos días, cuando ya se acerca el cierre, ahí sí le echan ganas, cierran lo que necesitan para subsistir... y vuelven a empezar. Ese patrón se repite.

Ahí fue donde me di cuenta de lo que realmente era un termostato financiero. Comprendí el significado profundo de un **paradigma**: Estamos programados.

Yo estuve programado por mucho tiempo para ganar $3,000 dólares al mes, aunque hubiera meses donde tenía ventas que me podían generar $10,000 o hasta $15,000. Pero al mes siguiente no vendía nada, y al que seguía, tampoco. No entendía qué pasaba.

Y eso le ocurre a muchísima gente.

Se esfuerzan, trabajan, invierten tiempo, estudian, hacen todo lo que "se supone" que deben hacer... pero no crecen. No avanzan. No prosperan como quisieran. ¿Por qué? Porque tienen una **programación interna** que ni siquiera saben que existe.

Y eso es lo más grave: no te das cuenta. Está en el subconsciente. Está dispersa dentro de ti. Actúa en silencio. Y aunque no lo sepas, está operando todos los días.

Esas **creencias de escasez** se activan. Ese hábito de no hacer lo que sabes que debes hacer también se activa. Y esa autoimagen interior que te repite que vales $3,000 dólares vuelve a tomar el control. Al final, ese conjunto de elementos —tus creencias, tus hábitos y tu percepción de ti mismo— forma el paradigma que determina tus resultados.

La mayoría de las personas no lo entiende. Por eso me vas a escuchar hablar mucho sobre este tema, porque hasta que no comprendas que el paradigma es una programación que opera dentro de ti, aunque no te des cuenta, y que es lo que realmente está generando los resultados que tienes... no vas a cambiar.

Para mí fue un punto de quiebre. Un antes y un después.

Estaba en una aseguradora donde, si no mantenías buena calidad en las ventas —especialmente en la conservación de pólizas—, dejabas de ganar una parte muy importante del ingreso. Y como caí en ese bache, tuve que encontrar una solución.

Tomé la decisión de que solo íbamos a aceptar **pólizas con pago anual**, porque esas no se cancelan durante el primer año. Cuando un agente vende una póliza con pago mensual, le está dando al cliente once oportunidades para cancelarla. Y eso era lo que nos estaba afectando: once oportunidades para decir que no.

Imagínate venderle a alguien que ya está **en escasez** ¡y todavía ofrecerle todas esas salidas! Por supuesto que las toman. La mitad de nuestras pólizas se cancelaba simplemente porque la gente sentía que había cosas más urgentes que pagar.

Así que, cuando di la instrucción de que solo trabajaríamos con pagos anuales, la mitad de los agentes se fue. De treinta, me quedé con quince. Fue un golpe durísimo, un dolor real. Y por un momento sentí que me derrumbaba.

Yo los había invitado a esta carrera. Les compartí mi visión. Los animé. Les ayudé a ganar dinero. Les pagué el curso para que obtuvieran su cédula. Les cubrí su primera póliza de responsabilidad civil. Les di su patadita de arranque... para que después me abandonaran.

Ahí aprendí una gran lección: **hay que soltar. Hay que desapegarse**.

Y aunque fue doloroso, fue lo mejor que me pudo pasar. Porque entendí —gracias a lo que aprendí en el programa *Thinking Into Results* — que esas personas llegaron a mi vida cuando yo vibraba en una frecuencia que ya no era la mía. Ya no cabían en mi nuevo paradigma. Ya no encajaban en la visión de lo que yo quería construir. Ya no tenían espacio. Ya no tenían lugar.

Ese fue el momento en que comprendí que hay ciclos que se tienen que cerrar, aunque duelan. Y sí, dolió.

Me despertaba a las tres de la mañana sin saber qué hacer. Sentía un vacío enorme. Sufría al ver cómo los agentes se iban. Me arrodillaba. Hablaba con Dios. Le decía: *¿qué está pasando, Señor? ¿Por qué me está sucediendo esto a mí? Si soy una persona entregada, si los ayudo, si los impulso... ¿por qué me están dando la espalda? No me merezco esto.*

Pero Dios escucha. Dios atiende. Aunque muchas veces no sepamos cómo.

NUEVO SISTEMA

Al día siguiente hablé con mi coach. Le conté lo que estaba ocurriendo. Le dije que los agentes se estaban yendo. Y él, con su sabiduría y su entendimiento, me dijo algo que me marcó profundamente.

—César, tienes que vaciar el vaso para poder llenarlo. Está lleno de cosas que ya no quieres. Tienes que empezar a llenarlo con lo que sí deseas.

Y me lo explicó así: **todo cambio trae caos**. Es como un frasco con agua y arena en el fondo. Si lo revuelves, se enturbia. Se ve borroso. Así es el proceso de transformación. Todo lo que estás haciendo genera caos. Pero después del caos viene lo que tú deseas.

Así que ten fe. Ten fe.

Y si algo he aprendido en mi vida, y con este programa, es precisamente eso: **tener fe**.

Siguiendo ese principio, actuando con estándares de excelencia y siendo rigurosos con todo el proceso, en seis meses logramos algo que parecía imposible: cambiar completamente a la venta de pólizas con pago anual.

Y cuando hicimos ese cambio, algo extraordinario ocurrió. Comenzamos a venderle a personas que sí podían pagar. A personas que estaban felices de comprar sus pólizas. También comenzamos a atraer a agentes de seguros que ya estaban en esa frecuencia, que también vendían exclusivamente pólizas anuales.

Eso trajo más ventas para todos. Descubrimos que hay muchas personas dispuestas a comprar seguros. Hay gente con recursos. Gente que compra con entusiasmo y paga a tiempo. También comenzaron a llegar más asesores con esa misma frecuencia de abundancia, dispuestos a ganar más, a hacer más y a crecer sin límites.

Pasé de estar en una frecuencia de vibración de $3,000 dólares mensuales —que había sido mi techo financiero por años— a una de **$500,000 dólares mensuales**, solo en facturación por venta de seguros. De esos quinientos mil, yo cubría los sueldos de todo mi equipo y me quedaba con una buena parte, pero más allá del dinero, ahí fue donde comenzamos a cambiar la industria.

Fernández Consultores Grupo Desarrollador se convirtió —y no me da miedo decirlo— en la única promotoría que vende todas sus pólizas de forma anual y que recluta agentes con **mentalidad elevada**. ¿Cómo lo logramos? Cambiando la **vibración colectiva**, rompiendo el viejo paradigma, cambiando el sistema de creencias.

Este fue el nuevo sistema que instauramos:

Fluyen prospectos calificados hacia mí de manera constante. Soy mejor asesor cada día. Mis ingresos crecen todos los días. Y yo vendo todos los días.

Les pedimos a todos los agentes que lo escribieran. Que lo hicieran suyo. Porque no es solo un mantra, es un **mindset**. Fue un proceso de seis meses de **reprogramación mental**. Uno por uno, todos lograron cambiar sus resultados.

Nos convertimos en la promotoría número uno de la compañía. La que más reclutaba. La que más vendía. La que más ganaba. Todo el **2021** fue una lluvia de bendiciones. Abrimos oficinas en Guadalajara, Monterrey, Saltillo, Torreón, Veracruz, Toluca, Ciudad de México... por todas partes. Nos hicimos notar.

EL CASO FABRICADO

Y entonces... llegó la prueba.

Un promotor senior con quien había trabajado desde mis inicios, alguien a quien ayudé e impulse, intentó extorsionarme. Me pidió una posición directiva nacional y el 5% de toda la facturación.

Le ofrecí lo que le correspondía: un esquema justo como promotor adjunto, con comisiones completas por cada venta. El mismo modelo con el que yo empecé. Pero no lo aceptó.

Hablando con él por teléfono, me dijo sin rodeos: —Si no me das lo que te pido, que tu negocio dure lo que tenga que durar.

Y colgó.

Días después, apareció una carpeta perfectamente armada. **Un caso fabricado**. Se basaba en una práctica común en la industria: el préstamo de clave. Algo no permitido, pero que todos conocen, aunque nadie lo admita públicamente.

Me llamaron de la compañía y me preguntaron: —¿Esto ocurrió?

Respondí con total honestidad: —Sí.

Esa sinceridad fue suficiente para que dieran por terminado mi contrato.

Así, de un día para otro, perdí todo lo que había construido.

No por fraude, ni por engaño. Por decir la verdad. Por no ceder ante el chantaje.

Y sí, dolió. Pero no me arrepiento. Porque si algo he aprendido es que **la integridad no se negocia**.

Y aunque por fuera parecía que todo se derrumbaba, por dentro algo más fuerte empezaba a levantarse. Porque perder por hacer lo correcto no es derrota... es siembra.

A veces, la vida nos arranca de donde ya no pertenecemos para empujarnos hacia donde sí merecemos estar.

Y cuando eso pasa, al principio arde, desconcierta, descoloca. Pero después —si tienes fe, si confías, si sigues adelante con los ojos bien abiertos— te das cuenta de que todo estaba acomodándose para llevarte más lejos. Mucho más lejos. Lo que vino después no solo me devolvió el rumbo... me mostró un camino que nunca imaginé. Un camino donde las semillas que había sembrado en otros empezaron a florecer justo cuando más lo necesitaba.

Quédate conmigo, porque lo que pasó a partir de ahí... cambió por completo el juego otra vez.

AGENDA UNA CITA

¿Listo para activar tu verdadero potencial?

Agenda una sesión con César Fernández y descubre cómo reprogramar tu mentalidad, elevar tu identidad financiera y comenzar a vivir desde la abundancia.

Descubre las estrategias prácticas que te ayudarán a tener resultados concretos.

¡El siguiente paso está en tus manos!

César Fernández

Coach de Éxito

Reserva Una Sesión Hoy

ESCANEAR AQUÍ

Reprograma tu mente, Transforma tu vida.

CAPÍTULO 5
CUANDO LA VIDA
CUELGA DE UN HILO

Y sí, eso fue un golpe duro.

No, no era tan duro... al menos eso me repetía. Porque, vamos, imagina: yo era el número uno. ¿Cómo crees que se siente alguien que está en la cima? Sin problema —pensé—, me cruzo la calle y en la aseguradora de enfrente me abren la puerta.

Y así fue. Toqué... y me la abrieron. Me recibieron con los brazos abiertos. Hasta alfombra me pusieron: pásale, bienvenido. Me ofrecieron café, sillas cómodas y palabras bonitas. Vieron mis resultados, mis récords, mi reputación. Vieron el nombre "Fernández" y se imaginaron una mina de oro.

Pero dos meses después, justo cuando ya iba a firmar el contrato con esta nueva compañía, me detuvieron. Me dijeron: —Espérate... hay un *run run*. Nos están diciendo que tengamos cuidado contigo.

Y eso, a pesar de que ya habían venido a ver cómo trabajábamos. Vieron nuestros sistemas de reclutamiento, capacitación, entrenamiento y desarrollo. Vieron el nivel de inversión que hacíamos en formación. Vieron los resultados: agentes logrando la mesa del millón de dólares, calificando a convenciones internacionales, transformando sus vidas. Y aun así... nos dijeron que no.

Dos meses después de que me habían cerrado la puerta en la "Compañía Y"... esta nueva también lo hizo. Ahí fue donde todo se desbarató.

De pronto, ya no tenía nada que ofrecerle a mis agentes. Nada. Y uno a uno... comenzaron a irse. No por traición, sino por falta de certeza. Porque un líder que no tiene rumbo claro no puede inspirar dirección.

Agosto de 2022. Ese mes no se me va a olvidar. Fue

cuando sentí que ya no quería seguir. ¿Cómo pasé de facturar quinientos mil dólares... a no facturar nada?

Nada. Me dejaron sin nada. Y con eso vino un pensamiento oscuro. Un pensamiento que nunca imaginé tener.

Pensé: *Tengo por ahí unas pólizas que mi familia podría cobrar... tal vez con eso mi familia pueda sostenerse. Tal vez alcance lo básico...* Pero no era el dinero lo que me estaba quebrando. Era la **vergüenza**.

La vergüenza de no poder sostener lo que yo mismo había construido. La vergüenza de mirar a mi esposa y no saber qué decir. La vergüenza de ver a mi hijo con su mochila, su sonrisa y su fe... y no sentirme capaz de estar a su altura.

Y eso fue lo más doloroso. No era la caída económica. Era la caída emocional. Porque me di cuenta de que, durante años, había construido mi **identidad** sobre mis logros. Y ahora que los logros se habían ido... no sabía quién era.

Durante cuatro meses —agosto, septiembre, octubre y noviembre— viví en una especie de niebla. Me levantaba sin ganas. Comía sin hambre. Dormía sin descanso. Vivía en automático, fingiendo que todo estaba bien mientras por dentro me apagaba.

Y ahí... apareció una persona clave. Pero de eso te hablaré más adelante.

Antes necesito contarte esto: toda la gente que estaba a mi alrededor por dinero... **se fue**. No fue una sorpresa. Era lógico. Ellos no estaban caminando conmigo por lo que yo era. Estaban ahí por lo que representaba. Y cuando esa imagen se cayó... se fueron sin mirar atrás.

MI PRIMER EQUIPO

Y entonces me quedé solo. O al menos, eso creía. Porque aunque muchos se fueron, otros se quedaron. En silencio. Sin exigencias. Sin condiciones. Se quedaron **por lo que sí soy**.

Mi equipo administrativo, Jessica Araluce, y el equipo

creativo y de marketing, Damián Brambila, me dijeron: —*Master, tú no estás solo. Dinos qué hacemos, ¿cómo te ayudamos?*

Esa frase me rompió. Porque ellos no veían números, ni reportes, ni cierres de mes. Me veían **siendo quien soy**. Y extrañaban a ese líder que hablaba con pasión, que enseñaba, que inspiraba. Me di cuenta de que ellos no me admiraban por lo que ganaba... sino por cómo me entregaba.

Y eso me hizo replantearlo todo.

También recuerdo a Elizabeth, mi esposa, en un momento que no voy a olvidar. Yo, quebrado, le dije: —Préstame. Préstame de lo que tengas guardado.

Ella me miró, con ternura y firmeza a la vez, y me respondió: —Te estoy dando lo último que queda. Pero quiero que recuerdes esto: a mí siempre me diste migajas. Siempre enriqueciste a los que estaban contigo por interés. A todos ellos los hiciste ganar. A mí... me dabas lo que sobraba. Y hoy, esas migajas son las que te están salvando. **Que no se te olvide dónde están tus verdaderas lealtades**.

Esta otra frase me atravesó. No supe qué decir. Me sentí chiquito. No era un reproche. Era una verdad. Yo pensaba que estaba cumpliendo, que al sostener oficinas, nóminas y proyectos, estaba haciendo lo correcto. Pero había olvidado lo esencial. Mi hogar. Mi raíz. Mi primer equipo.

Ese día lloré. No de derrota. Lloré por darme cuenta de que había olvidado lo más importante: *quién soy y para quién soy*.

Porque el **liderazgo verdadero empieza en casa**. Y si tú no lideras con el ejemplo, con presencia, con atención... todo lo demás pierde sentido.

EN RECONSTRUCCIÓN

A partir de ese día, empecé a **reconstruirme**. Pero no con estrategias ni con nuevos planes de ventas. No. Empecé desde lo más profundo: desde mi **mentalidad**.

Entendí que tenía que **reordenar mis lealtades**. Tenía que dejar de poner mi energía donde no florecía y empezar a sembrar en donde realmente importaba.

Poco después, Damián me dijo: —César, tú no eres el negocio. El negocio puede caerse. Pero tú... tú eres más grande que todo eso.

Y ahí lo entendí. Tenía que reconstruirme. Pero no desde la rabia. No desde el miedo. Sino desde la **verdad**.

Y la verdad era reconocer que me había perdido. Que había confundido mi propósito con mi puesto. Mi valor con mi volumen. Mi liderazgo con mi visibilidad.

No necesitaba volver a ser quien fui. Necesitaba **convertirme en alguien nuevo**. Y para eso... tenía que empezar desde adentro.

Recuerdo que comencé escribiendo cada mañana una frase simple:

"Estoy en reconstrucción. Y cada día, me acerco más a mi verdadera esencia."

Al principio me sonaba vacío. Forzado. Pero después de escribirla 90 días seguidos... algo cambió. Me reconcilié conmigo. Me di permiso de ser frágil. De decir "no sé". De decir "ayúdame". De llorar sin esconderme. De dejarme amar sin dar explicaciones.

Y desde ahí... comenzó el verdadero renacimiento.

No fue rápido. No fue perfecto. No fue glamoroso. Pero fue humano. Real. Poderoso.

Comencé a valorar las pequeñas cosas. Un abrazo sin prisa. Una caminata con mi esposa. Un silencio sin celular. Un desayuno con café caliente y tiempo para saborearlo.

Y ahí me di cuenta de algo: no había perdido todo. Solo había perdido lo que no necesitaba más.

Lo que vino después fue diferente. No un nuevo negocio, sino una nueva forma de ver la vida. No una nueva estrategia, sino una nueva **mentalidad**.

Entendí que si quería volver a construir algo... tenía que hacerlo desde mi centro. Desde mi paz. Desde mi **coherencia**.

Y eso fue lo que hice.

Porque a veces, para construir de verdad, primero hay que vaciarse. Soltar la prisa. Soltar la necesidad de demostrar. Volver al punto cero... pero con nuevos ojos. Desde esa calma interior, empecé a mirar distinto. A ver lo que antes no veía. A escuchar lo que antes no escuchaba. Y, poco a poco, el camino se fue revelando.

Ya no se trataba de repetir lo que había funcionado antes, sino de **descubrir lo que ahora tenía sentido**. Lo que conectaba con lo que yo era HOY. Y lo que encontré en ese proceso no solo transformó mi forma de trabajar... transformó mi forma de pensar, de comunicar, de liderar.

Prepárate, porque lo que sigue te puede ayudar a comprender que no necesitas más fuerza... solo **una nueva forma de pensar**.

CAPÍTULO 6
UNA NUEVA FORMA DE PENSAR

Y ahí... apareció una persona clave.

No fue casualidad. Fue el **momento perfecto**, en medio del caos, cuando ya todo parecía desmoronarse. Como si el cielo supiera que necesitaba con urgencia un faro en medio de la tormenta. Ya estaba agotado, frustrado y confundido. Parecía como si el suelo bajo mis pies se hubiera roto en mil pedazos. No sabía cómo seguir. Todo lo que conocía parecía desvanecerse.

Recordemos que para ese punto, toda la gente que estaba a mi alrededor... se había ido, y no porque fueran malas personas. Se fueron porque, como te dije en el capítulo anterior, no estaban ahí por mí, sino por el dinero. Y cuando el barco empezó a hundirse... saltaron.

Pero ahí fue donde apareció Marcelo González. La persona clave. Mi mentor. Un **coach** con una luz interna tan fuerte que solo con escucharlo... me hizo recordar quién era yo.

No me ofreció dinero. No me ofreció atajos. Me ofreció algo más valioso: su fe en mí. Su voz tranquila. Su claridad. Me ayudó a ver lo que yo no quería ver: que mi caída no era un castigo, sino una oportunidad. Que el derrumbe **era necesario**. Que todo lo que había construido con urgencia, ego o miedo... tenía que caer para que pudiera levantarse algo nuevo, más verdadero.

Comenzamos a trabajar de forma profunda. No en el negocio, sino **en mi mente**. En mi historia. En mis creencias. Me pidió que escribiera todas las frases que **repetía internamente** sobre mí mismo. **Fue brutal**. Eso fue como si hubiera abierto una caja llena de sombras. Escribí: *"No soy suficiente"*, *"Debo demostrar* *que valgo", "Tengo que hacerlo solo", "Si fracaso, ya no me van a seguir".* Y al leerlo, me quebré.

Marcelo me miró con calma y dijo:

—Todo eso que escribiste... no eres tú. Son **tus heridas** hablándote. **Pero tú no eres eso.**

Y me invitó a escribir nuevas frases. A **reprogramar**. A plantar semillas en un jardín nuevo. A hablarme como el hombre que quería ser. Frases como:

"Soy valioso por quien soy, no por lo que logro."

"Soy un líder presente, amoroso y fuerte."

"Confío en mí y en lo que hago."

"Dios me guía y mis pasos están bendecidos."

Al principio, todo eso me sonaba forzado. Sentía que estaba fingiendo. Pero las repetí cada mañana, como un niño que aprende una canción nueva. Y algo mágico pasó: mi mente empezó a escucharlas. Mi corazón comenzó a creerlas. Era como si, poco a poco, estuviera pintando un cuadro nuevo de mí mismo, con colores más vivos.

Empecé a cambiar. Me volví más tranquilo, más presente. Más compasivo conmigo. Más claro con mi familia. Más liviano con mi esposa. Dejé de correr. Empecé a respirar. A comer con calma. A volver a reír. Era como despertar de un sueño pesado. Y desde ese lugar, la claridad volvió.

Una visión diferente. Más profunda. Más alineada. Ya no quería recuperar lo que había perdido. Quería crear algo nuevo. Algo más limpio. Más coherente con quien soy hoy.

Volví a preguntarme: *¿Qué quiero construir ahora... desde mi verdad?*

Y la respuesta fue clara:

Quiero crear una promotoría **basada en principios**. Donde el dinero no sea el centro, sino el **resultado natural** de una cultura fuerte. Donde la gente no venga solo por la comisión, sino por el crecimiento personal.

Donde la familia tenga prioridad. Donde vender seguros sea solo **una herramienta**... no la meta final.

Y entonces empecé a planear desde otro lugar. No desde la urgencia, sino desde la **coherencia**. No desde el ego, sino desde el servicio.

Empecé a contactar agentes. Pero no a todos. Solo a los que vibraban diferente. Gente con conciencia. Con visión. Con valores. Hablábamos menos de comisiones y más de impacto. Menos de bonificaciones y más de propósito.

CUANDO DECIDES, LAS MANERAS APARECEN

En esa etapa, en Noviembre de 2022, me certifiqué como consultor del Proctor Gallagher Institute de Bob Proctor.

Para diciembre, armé un grupo de WhatsApp con 100 personas. No me preguntes cómo... simplemente, todo se fue acomodando.

Cada semana daba una **clase gratuita**: ventas, mentalidad, conciencia. Y hasta hoy sigo haciéndolo.

Un día me escribió Eduardo Figueroa desde Chile. Estaba frustrado: debía $30 mil dólares a su suegra y no lograba vender seguros. Lo intentaba... pero no cerraba nada.

Le expliqué algo que todo agente debe entender: si vives en escasez, vendes desde la escasez. Esa frecuencia solo atrae a clientes con las mismas limitaciones.

Quería irse a Estados Unidos a vender seguros y me pidió entrenarlo. Le di el precio del programa... y me dijo que no tenía dinero.

Pero tuvo algo que pocos tienen: **decisión**.

Me dijo: "Ya leí la primera lección que regalas. Bob Proctor dice que **si tomo una decisión, las maneras aparecerán**. Hoy decido estudiar contigo."

Propuso un intercambio: él me construiría mi página web y yo le daría el programa. Me encantó su valor. Acepté.

No solo estudió, lo asocié a mi equipo y crecimos juntos. En enero de 2023 creé FC Coaching. La marca nació de mi idea y el logotipo de Fernández Consultores.

Eduardo estudió y trabajó conmigo en 2023. En 2024 decidió **enfocarse** en vender seguros. Y siguió estudiando todo lo que le enseñé... por su cuenta.

Meses después volvió: "Gracias a tus programas vendo **20 pólizas mensuales** en Chile. No tuve que irme a EE.UU."

Había cambiado su conciencia. Incluso vendió su casa cuando dejó de perseguir y comenzó a atraer.

Hoy está en convenciones, cerrando grandes negocios... y de nuevo en mi comunidad.

Este programa de FC Coaching funciona. Quien lo toma, recibe mucho más de lo que invierte.

CUANDO SE ROMPE LA JAULA INVISIBLE

Luis Rondón. Es realmente un nombre que inspira. Vino a México desde Venezuela. No como turista, sino buscando crecer. Antes de vender seguros, fue luchador olímpico. Un hombre disciplinado, acostumbrado a darlo todo en el área de combate... y a levantarse cada vez que lo derriban.

A la fecha, lleva más de diez años vendiendo seguros y teniendo resultados increíbles. Diez años peleando en un ring diferente. Y como le pasa a muchos, **un día se estancó**. No porque no tuviera talento. No porque no supiera vender. Sino porque su mente había llegado al límite de lo que estaba programada para lograr.

Ese estancamiento es como una jaula invisible: no sabes que está ahí... hasta que la intentas romper.

Cuando trabajamos juntos, lo primero que hicimos fue **cambiar su paradigma**. No se trataba de vender más por vender, sino de apuntar a una meta más alta, una que lo encendiera por dentro.

Cuando pones una meta así, algo pasa: te sientes vivo otra vez. Recuperas la energía que creías perdida.

Esto no solo es para los agentes que empiezan y quieren alcanzar el éxito. También es para los que ya tienen experiencia, pero se preguntan **por qué dejaron de crecer**. La respuesta es simple: están **programados** para quedarse donde están.

Pero cuando **reprogramas tu mente**, cuando recuerdas quién eres, cuando entiendes cómo funcionan tus facultades superiores y las leyes universales... todo se desbloquea (esto lo veremos en detalle en los siguientes capítulos).

Luis lo vivió. Pasó de sentirse atrapado... a moverse con fuerza hacia su nueva meta. Y cuando eso pasa, no solo cambian tus resultados. Cambias tú.

LA MAGIA DE SER TÚ MISMO

Yo ya he entendido algo que me ha cambiado por completo: **La verdadera autoridad no se grita. Se encarna.**

Tú no necesitas convencer a nadie de quién eres. Solo necesitas vivirlo. Cuando tu energía está alineada con tu esencia, las personas lo sienten. Tu presencia se vuelve suficiente.

Hoy sé que no necesito aplausos, ni seguidores, ni reconocimiento externo. Mi **identidad** ya no depende de lo que facturo ni de lo que otros digan. Mi valor está anclado en algo más profundo: **en saber quién soy, para qué estoy aquí y a quién sirvo con lo que hago**.

Y si tú estás leyendo esto en medio de una caída... quiero que sepas algo: Esa caída puede ser tu **renacimiento**. Ese vacío puede ser el espacio perfecto para una nueva visión. Ese silencio puede ser el lugar donde escuches, por fin, **tu verdadera voz**.

A veces, el universo te lo quita todo, no para castigarte... sino para que veas que no necesitabas tanto para empezar.

Y cuando lo hagas desde tu verdad... todo cambia.

Porque un negocio exitoso puede darte libertad. Pero un negocio **con propósito**... te da paz.

Estás listo.
Solo te faltan
las herramientas correctas

Si has llegado hasta aquí, quiero decirte algo desde lo más profundo de mi corazón: **gracias**.

Gracias por permitirme contarte mi historia. Gracias por acompañarme en cada caída, en cada ruptura, en cada momento donde todo parecía derrumbarse. Y gracias, sobre todo, por seguir leyendo. Porque eso dice mucho más de ti que de mí.

Dice que no estás aquí por casualidad. Estás aquí porque hay una parte dentro de ti **que ya decidió crecer**. Que ya no quiere seguir en el mismo lugar. Que esa parte interna está lista para dejar atrás los miedos, las dudas, los techos invisibles... y empezar a escribir un nuevo capítulo de su vida.

Durante años pensé que el éxito dependía de vender más, ganar más, demostrar más. Pero aprendí —a veces a golpes— que ningún resultado externo puede compensar un vacío interno. Por eso esta historia no es solo mía. Es también la tuya. Porque si algo te resonó en estas páginas, es porque tú también has sostenido más de lo que te correspondía, has callado batallas internas y has sentido que, por momentos, tu vida colgaba de un hilo.

Y sin embargo... aquí estás.

Eso ya te hace poderoso.

Recuerdo una ocasión en que un agente nuevo, nervioso por su primer mes, me dijo: "César, ¿y si no soy bueno para esto?". Yo lo miré con calma, le sonreí y le contesté: "Lo único que necesitas ahora no es certeza... es decisión". **Porque la claridad viene con el camino, pero el camino solo aparece cuando decides caminar.**

Y ahora que ya atravesamos juntos el desierto de las pérdidas, quiero entregarte algo más: **un mapa.**

En las siguientes páginas vas a encontrar sólidos principios. No son atajos, sino herramientas reales. Las **mismas herramientas** que me permitieron reconstruir mi identidad, reinventar mi negocio, formar equipos leales y, lo más importante, convertirme en un líder al servicio de su propósito.

Te voy a mostrar cómo puedes comenzar a transformar tu entorno desde adentro. Cómo pasar de reaccionar a liderar. De sobrevivir... a **vivir con propósito**.

¿Te imaginas dejar de dudar de ti cada mañana? ¿Te imaginas tener un equipo que camina contigo, no detrás de ti? ¿Te imaginas construir algo que no solo te dé dinero, sino libertad, paz y legado?

Todo eso empieza ahora.

Prepárate para descubrir los valores, hábitos y sistemas que sostienen a los líderes verdaderos. Los que no solo generan resultados... sino que **sostienen relaciones**. Los que no solo dirigen equipos... sino que **inspiran confianza**.

Si alguna vez sentiste que nadie te enseñó cómo hacerlo, esta es tu oportunidad. Si alguna vez deseaste alguien que te hablara con la verdad, sin poses, sin perfección... aquí lo tienes en tus manos.

No estás leyendo este libro por accidente. Estás justo donde necesitas estar. Y lo que viene a continuación puede marcar la diferencia entre repetir tu historia... o reescribirla.

Porque sí, lo mejor de tu historia... **todavía está por escribirse**.

CAPÍTULO 7
¿QUIÉN SOY?

Luis Hache se definía a sí mismo como un empleado de gobierno. Punto. En su mente, no había espacio para verse como vendedor.

En su trabajo, a veces organizaban actividades para ayudar a causas nobles: vender boletos para comidas, recaudar fondos para niños vulnerables. A él le tocaban, por ejemplo, diez pollos asados para vender.

¿Y qué hacía Luis? Los compraba él mismo. Los pagaba, los congelaba... y se los comía después. No era flojera. No era desinterés. Era identidad.

"No soy vendedor", me dijo. "Nunca he vendido nada. Ni siquiera esas cosas para ayudar. No me veo vendiendo seguros".

Pero la verdad es que todos podemos moldear quién somos. Podemos transformarnos en lo que decidimos ser.

Escuchándolo, descubrí algo. Luis tenía un papel muy activo en su iglesia. Evangelizaba. Iba a las casas. Tocaba puertas. Hablaba de Dios. Invitaba a las personas a acercarse a la fe.

Y ahí le dije: "Luis, lo que hacemos en seguros... también es evangelizar. Pero financieramente. Despertamos conciencias. Enseñamos a la gente a protegerse. Les mostramos cómo heredar dinero para cambiar el futuro de su familia. Les damos una oportunidad que muchos ni saben que existe".

Ese día, algo hizo clic en él. Luis dejó de verse como un vendedor.

Comenzó a verse como un mensajero de cambio. Como alguien que no ofrece un producto, sino una transformación.

Porque al final, ¿quién eres? No eres tu nombre. No eres tu cuerpo. **Eres una idea en constante construcción.** Y puedes decidir en qué convertirte.

NECESITAS VERTE DE FORMA DISTINTA

En mi caso, lo que verdaderamente cambió mis resultados como **agente de seguros**, como profesionista... y como empresario, fue cambiar mi **paradigma**.

Pero antes de poder cambiar el paradigma, tenía que hacer algo más profundo: *conocerme a mí mismo*.

Lo decía muy claro Bob Proctor:

"Toda persona que está batallando en su vida no se conoce a sí misma. No sabe cómo funciona su mente. No utiliza sus facultades superiores... y vive en desarmonía con las leyes del universo."

Y qué gran verdad tenía mi mentor.

Para mí, esa frase fue como un despertar. Una sacudida interior. Una alarma que ya no podía ignorar.

Tuve que reconocer el **termostato financiero** que me persiguió durante casi una década. Ese techo invisible que yo mismo sostenía sin saberlo.

¿Cómo llegué ahí?

La verdad, fue por programación. La institución bancaria donde trabajé me puso en un tabulador. Me dijo cuánto podía ganar. Y sin querer, me lo creí.

Eso me marcó. Me definió. Me instaló un límite que yo acepté sin cuestionarlo.

Y no soy el único. Hay muchas personas exactamente igual. Atadas a un sueldo. A una creencia. A una rutina.

Están ahí, en el mismo lugar, con los mismos resultados... porque creen que eso es todo lo que pueden lograr.

Y no lo superan porque no se reconocen como personas capaces de **lograr más**.

Eso, precisamente, es el paradigma.

Entonces, *conocerte a ti mismo...* ¿qué significa en realidad?

¿Quién soy yo?

Pensamos en imágenes. Así funciona nuestra mente: visual, simbólica, emocional.

Bob Proctor lo explicaba con claridad:

—*Si te digo que pienses en tu auto, cierras los ojos... y ves el auto que tienes. Su color, su tamaño, su forma. Tal y como es.*

—*Si te digo que pienses en tu casa... se dibuja en tu mente como la conoces. El techo, las paredes, los detalles.*

Pero si te pregunto: *¿Quién eres tú?*

Probablemente también aparece una imagen. Tu cuerpo. Tu estatura. Tu cara. Tal vez tu nombre. Pero... eso no eres tú.

Esa es solo tu envoltura física. No tu verdadera identidad.

Lo importante es poder reconocerte desde otro lugar. Desde lo más profundo. Desde esa parte de ti que no cambia aunque cambien tus resultados.

Porque si no puedes verte de forma distinta... ¿cómo vas a cambiar tu paradigma?

¿Cómo vas a escribir una historia nueva, si sigues repitiendo el mismo personaje?

Cuando yo me reconocí como un **creador**, como un ser que vino al mundo a servir, algo cambió. Entendí que tenía un propósito más grande.

Y lo quiero dejar muy claro:

Toda persona que trabaja en seguros debería adoptar este propósito: servir. Ayudar. Proteger a la mayor cantidad de personas posible.

Cuando hablo del **plano intelectual**, me refiero al uso consciente de nuestras facultades mentales superiores. Es ahí donde imaginamos, razonamos, decidimos. Es ahí donde *creamos*.

El **plano espiritual**, en cambio, es donde *conectamos*.

Conectamos con todo lo que ya existe en el universo: ideas, recursos, personas, inspiración.

Todo eso está disponible para ti. Pero primero, tienes que sembrar la idea en tu mente. Solo así podrás atraerlo.

Y ahí es donde comienza tu verdadera carrera como agente de seguros.

ERES GRANDEZA

¿Qué es lo que realmente quieres lograr?

¿La **mesa del millón de dólares**? ¿La **convención internacional**? ¿Una **facturación mensual** que transforme tu estilo de vida? ¿Qué es lo que deseas... de verdad?

Cuando esa meta se convierte en algo específico dentro de ti, tu **frecuencia interna**, tus emociones y tu energía empiezan a alinearse con eso. Empiezas a vibrar distinto.

Pero si no lo declaras, si no te colocas en esa sintonía, aunque la oportunidad esté justo frente a ti... no la verás.

No conectarás con ella, porque tú aún no estás listo para verla.

La **espiritualidad** no es algo místico o ajeno. Es entender que tu ser interior tiene la capacidad de vincularse con todo lo que ya existe: ayuda, dinero, tiempo, contactos, claridad... todo.

Pero si no tomas una **decisión clara y comprometida**, no estás activando esa frecuencia. Y sin frecuencia... no hay conexión.

Vine a este mundo a crear, a ayudar a los demás, a impactar con lo que soy, con lo que tengo y con lo que decido hacer. Sea lo que sea que tú decidas hacer... un panadero que se define a sí mismo como panadero, eso será. Un despachador de gasolina, un cajero, un empleado de tienda... si se ven a sí mismos como eso, eso es lo que manifestarán.

Pero eso puede cambiar. Si tú decides ser un **agente de seguros exitoso**, ¡lo puedes ser! Tú tienes la forma. Tú eres la forma. Eres la **esencia misma** para lograr lo que quieras.

En el libro *El poder de la mente subconsciente* se dice con total claridad: *Eres una forma moldeable. Eres lo que decidas ser.*

Entonces, ¿qué vas a elegir? ¿Vas a ser exitoso? ¿O vas a seguir siendo una persona en apuros?

Ah, claro... a ti se te enseñó a vivir en apuros. Se te enseñó a sobrevivir, a estirar la quincena, a ajustar el mes, a vivir limitado.

Y por eso lo crees. Porque eso fue lo que viste. Eso fue lo que absorbiste. Eso fue lo que aprendiste... sin cuestionarlo.

Pero hoy te invito a **reflexionar**.

¿Eso crees que eres? ¿Eso crees que te mereces? ¿Eso crees que puedes lograr?

¡No! Entonces, despierta. Tú eres la forma. Tú eres lo que tú quieras ser. Nadie puede hacerlo por ti.

Por eso tienes que despertar *hoy mismo*. Decide que tú eres un agente de seguros exitoso, que vende todos los días, que conecta con personas que necesitan exactamente lo que tú ofreces.

Te voy a hablar del caso de Darío. Cuando lo conocí, era un hombre completamente desalineado: barba crecida, cabello desordenado, ropa descuidada... pero con algo valioso: un hambre de **éxito** tremenda. Solo que no sabía cómo canalizarla.

Me vio llegar. Me vio leyendo *El lobo de Wall Street.* Vio mi coche último modelo cuando fui a visitarlo a su lavandería... y se preguntó: *¿A qué se dedicará este cuate?*

Cuando le conté y lo invité a unirse, dijo que sí sin pensarlo. Porque vio en mí algo que él también deseaba: **éxito, estilo, propósito... y reconocimiento**.

Y eso fue lo que más lo transformó. Una vez que empezaron a reconocerlo públicamente, algo se activó en su interior. El reconocimiento lo volvió loco —en el mejor sentido—. Ser valorado por sus logros reales cambió todo.

Darío pasó de ser, con todo respeto, alguien desordenado... a convertirse en un hombre formal, alineado, exitoso. Su cambio exterior fue solo un reflejo del cambio interno.

¿Y por qué todo esto funciona? Porque **lo que**

ofrecemos como agentes de seguros ya lo necesita la gente. La gente puede pagarlo. De hecho, mucha gente es feliz comprándolo.

¿Por qué? Porque les quitamos un peso enorme de encima. Les damos **protección, tranquilidad, certeza**. Y eso... eso tiene un valor incalculable.

Por eso es tan importante que aprendas a **reconocerte a ti mismo** como lo que realmente eres: **grandeza**.

No por lo que hayas hecho, sino **por lo que puedes lograr** cuando decides actuar desde tu verdadero yo.

Porque tú no eres lo que ves en el espejo. Ni lo que te dijeron. Ni lo que lograste el mes pasado.

Tú eres una posibilidad. Una forma. Una esencia **lista para manifestarse**.

Y este es apenas el comienzo.

CAPÍTULO 8

¿CÓMO FUNCIONA NUESTRA MARAVILLOSA MENTE?

La mayoría de nosotros crecimos sin entender cómo funciona nuestra mente. En la escuela no lo explicaban. En casa, tampoco. Nadie nos enseñó que la mente tiene un poder inmenso. Solo nos enseñaron a memorizar, no a pensar conscientemente.

Y eso es muy grave, porque si no sabes cómo funciona tu mente, te vuelves prisionero de tus pensamientos, de tus emociones y de tus resultados. Por eso quiero hablarte de algo que cambió mi vida: el famoso modelo del *Stick Person*.

Esta figura fue creada por el Dr. Thurman Fleet en 1934. Él era un médico que trataba a personas con todo tipo de síntomas físicos: dolor de cabeza, problemas de estómago, cansancio extremo... pero un día descubrió algo clave.

Se dio cuenta de que solo estaba curando los síntomas, no la raíz del problema. Y esa raíz estaba en otro lugar: *la mente*.

Pero surgía una pregunta: *¿cómo podemos entender algo que no podemos ver?*

Si te digo ahora mismo: *piensa en tu mente*, ¿qué imagen aparece? La mayoría imagina un cerebro. Pero no. El **cerebro** no es la mente. Es solo un **órgano**, como el corazón o los pulmones. La mente es mucho más que eso.

La **mente** es una actividad. Es una energía que no puedes tocar, pero que determina todo lo que haces, todo lo que logras y todo lo que sientes.

El modelo del *Stick Person* vino a darnos una imagen sencilla para entender cómo funciona esa energía invisible que nos gobierna desde dentro.

El *Stick Person* es una figura simple, pero poderosa: un círculo grande arriba representa la **mente** y uno más pequeño abajo representa el **cuerpo**. ¿Por qué el de la mente es más grande? Porque todo comienza ahí. La mente es la que manda, y el cuerpo... obedece.

Dentro de esa mente hay dos partes: la **mente consciente** y la **mente subconsciente**. La mayoría de las personas no sabe esto, y por eso viven en piloto automático.

La mente **consciente** es la que usamos para pensar, para razonar, para tomar decisiones. Es la que puede **aceptar o rechazar ideas**. Ahí entra todo lo que escuchas, lo que ves, lo que te dicen los demás.

Pero aquí viene lo delicado: si tú no **filtras** lo que escuchas con tu mente consciente, esa idea baja directo a la mente **subconsciente**... y ahí se convierte en *programación*.

La **mente subconsciente** no razona. No analiza. No decide. Solo recibe. Todo lo que entra ahí se graba como si fuera **una orden**. Y lo más fuerte: eso que se graba... se convierte en tu **comportamiento**.

Entonces, si tú escuchas: *"La gente no tiene dinero"*, y lo **aceptas sin cuestionarlo**, esa idea se instala en tu subconsciente. Y desde ahí, empieza a influir en tu energía, en tu vibración, en tus resultados.

La mente **subconsciente** es emocional. No piensa. Solo siente. Y lo que siente... lo convierte en realidad. Por eso, si dentro de ti crees que nadie compra seguros, que no hay dinero, que estás en crisis... eso es exactamente lo que vas a vivir.

Porque tu **subconsciente** activa tu cuerpo. Y tu cuerpo es el que hace las llamadas, va a las citas, hace las ventas... o no las hace. Si tu vibración es baja, tus acciones serán débiles. Y tus resultados también.

Entonces, si tú aceptas la idea de que no hay prospectos, no hay dinero, no hay clientes... tu energía se alinea con eso. Y sin darte cuenta, entras en una frecuencia de **escasez**.

Y desde ahí, solo puedes atraer más de lo mismo: frustración, miedo, estancamiento.

Pero por otro lado, si empiezas a grabar ideas poderosas, ideas que te eleven, como: *"Fluyen prospectos calificados hacia mí cada semana"*, entonces tu cuerpo reacciona distinto. Toma acción. Llama. Vende.

Esa es la magia de reprogramar la mente. Y lo mejor: **todos podemos hacerlo**.

Cuando repites **ideas de éxito**, tu cuerpo actúa diferente. Tu voz tiene fuerza. Tu mirada transmite certeza. Tu energía cambia. Y con eso... también cambian tus resultados.

Un pensamiento, si lo repites con emoción suficiente, se convierte en una **realidad física**. Así lo decía Napoleon Hill. Y así lo comprobé yo.

Pero hay algo importante que debes saber...

Cambiar tu paradigma requiere ayuda. Acompañamiento. Alguien con experiencia que te ayude a ver lo que tú no puedes ver. Que te rete, te guíe, y te sostenga cuando tus miedos quieran sabotearte.

Así como vas al médico cuando te duele algo, también necesitas a alguien que te ayude a **sanar tu mente**. Que te enseñe cómo usarla a tu favor.

Yo no estaría aquí sin mis coaches. Ellos me han mostrado mis puntos ciegos. Me han impulsado cuando quise rendirme. Me han formado como líder.

Y si los grandes del mundo —deportistas, artistas, empresarios— tienen un coach... ¿por qué tú no?

Hoy tienes la oportunidad de empezar de nuevo. De cambiar la forma en que usas tu mente. De dejar de vivir en automático. Y comenzar a crear, conscientemente, los resultados que realmente mereces.

CAPÍTULO 9

LAS FACULTADES
SUPERIORES

¿Qué son las **facultades superiores**? ¿Dónde están? ¿Cómo se usan?

Ya lo sabes: vivimos en tres planos. El plano **intelectual**, el **espiritual** y el **físico**.

Y en ese plano intelectual, tú ya vienes dotado con herramientas impresionantes. Las traes desde que naciste. Se llaman *facultades superiores de la mente*. Están en ti. Siempre han estado ahí. Pero **si no las conoces**, no las puedes usar. Y si no las usas... es como tener un Ferrari y manejarlo solo en reversa.

Déjame explicártelo con una analogía que usamos todos los coaches:

Imagina que tienes dos iPhones idénticos, ambos de última generación, nuevos en caja. Uno solo se usa para contestar llamadas. El otro, en cambio, aprovecha todo: cámara, video, GPS, inteligencia artificial, aplicaciones de entrenamiento, herramientas de ventas, edición de contenido...

Ahora te pregunto: ¿cuál de los dos teléfonos es mejor?

Seguramente dirás: *el que usa todas sus funciones*. Pero no. **Ambos son igual de poderosos.** La diferencia está en el *nivel de conciencia del usuario*.

El potencial no está en el aparato. El poder está en el **uso** que haces de él. Así pasa contigo y con tus facultades mentales. No importa si hasta hoy solo las has usado para "responder llamadas". Están ahí, esperando a que aprendas a desbloquearlas.

Estas facultades son seis:

1. **Percepción**

2. **Razón**

3. **Voluntad**

4. **Imaginación**

5. **Memoria**

6. **Intuición**

No son dones exclusivos de los genios. Son capacidades que tú también tienes, y que puedes desarrollar si decides hacerlo de forma consciente.

La mayoría de las personas no sabe que existen. O las confunden con habilidades normales. Pero estas no son habilidades básicas. Son **superpoderes mentales**. Y cuando los entiendes, te vuelves imparable.

Por ejemplo, si tú solo usas los cinco **sentidos físicos** —ver, oír, tocar, oler, saborear— estás funcionando desde lo básico. Desde lo reactivo. Pero si activas tus seis

facultades superiores, entonces **tú eliges** cómo pensar, cómo sentir y cómo actuar.

Ahí es donde comienza **el verdadero liderazgo**.

Déjame explicarte cada una de estas **facultades** de forma sencilla, como si estuviéramos platicando frente a frente.

La primera es la **percepción**. Es la forma en la que ves las cosas. Dos personas pueden estar en la misma situación y tener percepciones totalmente distintas. Uno ve problema, otro ve oportunidad. Uno se queja, otro agradece. ¿Y sabes qué? Ambos tienen razón... desde su percepción.

La segunda es la **razón**. Es tu capacidad de pensar por ti mismo, de analizar, de cuestionar. Es el poder de no aceptar cualquier idea solo porque alguien más lo dijo. Si tú no usas tu razón, otros pensarán por ti... y eso te condena a vivir bajo creencias que ni siquiera son tuyas.

La tercera es la **voluntad**. Es la fuerza interna que te permite mantener el enfoque aunque todo afuera quiera distraerte. Es como un rayo láser: va directo. Si entrenas tu voluntad, puedes lograr cualquier cosa. Porque lo que empieza como deseo... se sostiene con disciplina.

La cuarta es la **imaginación**. Todo lo grande que existe en este mundo nació primero en la mente de alguien. Un edificio, un avión, una empresa... incluso tu futuro. Si no lo imaginas primero, no lo puedes crear. La imaginación es tu puerta a lo imposible.

La quinta es la **memoria**. No solo sirve para recordar lo que estudiaste en la escuela. Sirve para guardar lecciones, aprendizajes, momentos que te formaron. Y lo más importante: puedes reprogramarla. Puedes soltar lo que no te sirve y elegir lo que sí te potencia.

Y la sexta es la **intuición**. Esa voz interior que te dice si algo va bien o no, aunque no tengas pruebas. Es una conexión con tu ser más profundo. Cuando la afinas, tomas decisiones con mayor certeza. Tu intuición rara vez se equivoca... pero necesitas escucharla.

Estas seis facultades están en ti. No tienes que pedirlas prestadas ni ganártelas con premios. Solo necesitas **despertarlas, entrenarlas y usarlas**.

Porque en el mundo de los negocios, de las ventas y de la vida... no gana el que más corre, sino **el que mejor piensa**.

CAPÍTULO 10
LEYES
UNIVERSALES

A lo largo de mi camino comprendí algo muy poderoso: no todo lo que vivimos es por casualidad. Existe un orden. Una estructura. Un conjunto de principios invisibles que rigen cómo se comporta la vida. A eso se le llama **leyes universales**.

Y cuando aprendes a vivir en armonía con esas leyes... todo cambia. Tus resultados se elevan. Tus relaciones se transforman. Tu energía fluye de forma distinta. No porque tengas suerte, sino porque te alineas con el diseño correcto.

Déjame ponerte un ejemplo sencillo.

Imagina que estás en una bicicleta. Si pedaleas en contra del viento, te agotas rápido. Pero si lo haces en la dirección del viento, avanzas con facilidad. Así es como funcionan las leyes universales: te impulsan cuando estás alineado, te frenan cuando vas en contra.

Y lo más valioso es que no necesitas creer en ellas para que funcionen. Actúan igual. Lo podemos comprobar con la ley de la gravedad. No importa si entiendes cómo funciona... si saltas desde una azotea, ten por seguro que te vas a caer.

Ley de la Compensación

Una de las leyes más claras que he visto en acción es la *Ley de la Compensación*. Esta ley dice que **todo lo que das... vuelve**. Y vuelve multiplicado.

No es solo una idea bonita. Es una ley. Funciona. Si tú sirves con excelencia, si das más valor del que se espera de ti, tarde o temprano serás compensado por ello. Porque en esta vida, todo lo que se siembra, se cosecha.

Ahora bien, para que esa compensación llegue, necesitas tres cosas:

1. Convertirte en una persona útil. Eso significa resolver problemas, no quejarte. Ser solución, no carga. Ser alguien que aporta, no alguien que se esconde.

2. Hacerlo con propósito. No solo por dinero, sino con pasión. Entendiendo a las personas, ayudándolas, tocando vidas desde lo real.

3. Ser difícil de reemplazar. Cuando haces tu trabajo con entrega, pasión y profesionalismo, te vuelves único. Y cuando eres único... tu valor se eleva.

Por eso, en esta industria, el que más **sirve**... es el que más **gana**.

Ley de la Relatividad

Otra ley poderosa es la *Ley de la Relatividad*. Aquí vemos que **nada es bueno ni malo**... todo lo que nos pasa es relativo a cómo lo mires, a tu punto de vista.

Nada es bueno ni malo... hasta que decides cómo verlo.

Por ejemplo, el rechazo de un cliente no es bueno ni malo. **Simplemente es.** Pero si tú lo interpretas como una derrota, así lo vas a vivir: frustrante, doloroso, limitante.

Ahora bien, si lo tomas como una **señal de crecimiento**, como un maestro disfrazado, ese mismo rechazo te revela algo valioso. Te muestra dónde mejorar, cómo afinar tu propuesta, qué hacer para conectar mejor. Tú eliges cómo verlo.

En este caso, con cada "no", estás más cerca de un "sí". Por eso, con la *Ley de la Relatividad*, se entiende que *el rechazo no es malo, es algo muy útil*. Solo depende de tu percepción.

Ley de la Polaridad

Imagina que todo en la vida es como una moneda: tiene dos lados. *La Ley de la Polaridad* dice que **cada cosa negativa lleva dentro algo positivo**, como la noche que siempre trae un nuevo amanecer. Si algo te parece malo, como cuando pierdes un juego, también hay algo bueno escondido. Tal vez aprendes a jugar mejor o haces un nuevo amigo.

En cada problema, hay una **oportunidad disfrazada**. Por ejemplo, si llueve y no puedes salir, ese día puedes descubrir un libro increíble o inventar un juego en casa. Todo lo "malo" tiene un lado "bueno", solo tienes que **buscarlo**.

Esta *Ley* te enseña a no rendirte cuando algo sale mal, porque siempre hay una bendición esperando. Es como si encontraras un tesoro escondido. Así es cómo la vida siempre te da una oportunidad para brillar.

Ley del Ritmo

La vida es como un columpio, a veces estás arriba, a veces abajo, pero no importa lo que pase, tú tienes qué seguir moviéndote. *La Ley del Ritmo* dice que **todo tiene su momento**, como las olas del mar que bajan y luego suben.

Si hoy estás triste o las cosas no van bien, no te desesperes. Es solo una parte de este ritmo. Si sigues **dando lo mejor de ti** con una sonrisa, creyendo en ti, el columpio va a volver a subir. Por ejemplo, si no cerraste un trato hoy, no te rindas; mañana podrías firmar el mejor contrato de tu vida.

Todo se mueve en ciclos, así como cuando llega el invierno y nos trae el frío y la nieve, también sabemos que luego nos llegará la primavera con sus flores, las mariposas y su cálido sol. Nada se queda quieto. Esta ley te enseña a **tener paciencia** y a seguir adelante **con fe**, porque los momentos buenos siempre vuelven si no te detienes. Solo necesitamos entenderla, bailar con la vida y seguir su ritmo.

Ley del Género

Tenemos aquí una de las leyes universales más importantes: la *Ley del Género* o *Ley de la Gestación*.

Esta ley nos enseña que toda idea, todo pensamiento, toda emoción... es una semilla espiritual. Y como toda semilla, necesita **tiempo, repetición, cuidado y fe**.

Nada valioso nace de inmediato. Un hijo tarda nueve meses en gestarse. Un negocio, una marca, una transformación... también necesita tiempo. No puedes sembrar hoy y cosechar mañana. Necesitas **paciencia**.

Y ahí es donde muchos se rinden. Porque quieren resultados sin proceso. Quieren frutos sin raíces. Pero así no funciona el universo.

Si hoy estás sembrando con propósito, si hoy estás trabajando en ti, si hoy estás cambiando tu mentalidad... *no te detengas*. Porque ya sembraste. Y esa semilla está germinando, aunque aún no lo veas.

Las **leyes universales** no fallan. Son confiables. Son justas. Pero sobre todo, son maestras.

Aprende a trabajar con ellas. Aprende a alinearte con su sabiduría. Y verás cómo todo en tu vida comienza a fluir desde otro lugar.

CONCLUSIÓN

Desde el comienzo de este libro, te prometí que descubrirías **cómo transformar tu mente** para disparar tus ingresos. Te dije que te revelaría ese patrón mental, cómo opera y, sobre todo, cómo cambiar ese número invisible que guía tus ingresos, tus resultados y tu vida financiera. Ese número que, sin notarlo, se grabó en tu subconsciente.

¿Lo conseguimos?

Juntos hemos caminado un sendero increíble hasta aquí. No fue solo teoría, fue un pedazo de mi vida compartido. Fue real, como si hubiera sido un viaje de verdad. Ahora te entrego el resumen de las claves que encontraste y que, si eliges usarlas, pueden cambiar todo en tu vida:

1. **Reconoce tu termostato financiero.** Ese número que cargas sin cuestionar. El límite que te enseñaron a

no romper. El salario "suficiente", el ingreso "normal".
Identificarlo es el primer paso para desactivarlo.

2. Conócete a ti mismo. Entiende que no eres tu
nombre, tu cuerpo o tu pasado. Eres una forma espiritual
con poder de creación. Y si no te reconoces como tal... te
quedarás atado a un rol que no es el tuyo.

3. Reprograma tu mente. Ya descubriste cómo
funciona realmente tu mente: con ideas que bajan de lo
consciente a lo subconsciente y que activan tu cuerpo,
tus acciones... y tus resultados. Aprendiste a usar
afirmaciones, repetición, enfoque, ahora practícalas día
con día.

4. Activa tus facultades superiores. Ya no eres solo
reacción. Ahora sabes que tienes percepción, razón,
voluntad, imaginación, memoria e intuición. Y que
usarlas es lo que te diferencia de los que siguen repitiendo
el mismo ciclo.

5. Vive alineado con las leyes universales. Ya no
pelees contra la corriente. Ahora sabes que todo lo que

siembras... vuelve. Que nada nace al instante. Que las leyes universales son tus aliadas cuando actúas desde el compromiso.

¿Te das cuenta?

No te enseñé a vender más. Te enseñé a **creer más en ti**.

No te prometí dinero fácil. Te mostré cómo cambiar desde dentro para que lo que construyas... se sostenga.

Ahora quiero que cierres los ojos por un segundo e imagines esto:

Te despiertas sin ansiedad por pagar las cuentas. Vives con claridad, con enfoque, con paz. Ayudas a otros desde la abundancia. Tu familia te admira. Tu equipo te sigue. Tu cliente te escucha. Y tú... tú sabes que estás caminando en tu propósito.

Eso no es una fantasía. Eso es lo que ocurre **cuando tú tomas el control de tu termostato financiero**.

Así que ahora, te toca a ti.

Nadie va a hacerlo en tu lugar. Nadie puede decidir lo que vales, ni moverse por ti. Pero si das ese primer paso... lo que viene puede superar cualquier expectativa.

Y si en el camino necesitas claridad, guía o ese empujón extra, **tengo algo especial para t**i:

Suscríbete a mi boletín. Ahí recibirás contenido exclusivo cada semana, ideas de *Thinking Into Results* y estrategias que no comparto en ningún otro lado:

www.FCcoachingCo.com

No es obligatorio. Pero si ya llegaste hasta aquí, creo que es porque estás listo para más.

Gracias por permitirme entrar a tu historia. Ahora ve y escribe el siguiente capítulo con la mejor versión de ti.

Yo ya ajusté mi termostato financiero. ¿Y tú?

AGRADECIMIENTOS

A ti, que estás leyendo estas palabras, gracias. Este libro no existiría sin la vida que lo inspiró... ni sin las personas que han sido parte esencial de esa vida. Hoy escribo estas líneas con el corazón en la mano, sabiendo que ningún logro es verdaderamente individual, que ningún camino hacia el éxito se transita completamente en soledad, y que cada paso, cada caída y cada victoria ha tenido testigos, cómplices, mentores, amigos y familia.

A mi esposa, Elizabeth Rodríguez Ríos, mi compañera de vida, mi socia, mi cómplice, mi amor... Gracias por creer en este apasionado hombre que muchas veces tuvo más fuego que certezas, más sueños que evidencias, más ganas que garantías. Gracias por estar a mi lado en los momentos más duros, por ver en mí lo que a veces ni yo veía, por impulsarme siempre a ser mejor, no solo para mí, sino para nosotros. Este libro es tan tuyo como mío. Porque sin ti, no hubiera tenido el coraje de construir esta visión.

A mi hijo, Alex. Gracias por ser mi mayor inspiración. Quiero que sepas que todo lo que hago lo hago pensando también en ti. Me escuchas trabajar todos los días y ves cómo piensa y actúa tu papá. Quiero ser un ejemplo para ti. Quiero ayudarte a construir un futuro más grande que el mío, si así tú lo deseas. Quiero abrirte puertas, mostrarte caminos, enseñarte a volar... Gracias por permitirme sentir orgullo de lo que hago. Ser tu papá me da dirección, propósito y sentido.

A Eduardo Fernández, quien ha crecido dentro del equipo y se ha convertido en un pilar fundamental de este camino. Has estado presente en las derrotas y en las victorias; has sido testigo y constructor del proceso. Gracias por tu lealtad, tu compromiso, tu presencia y tu entrega constante como parte esencial del equipo.

A Damián Brambila, el genio detrás de la creación de contenido. Gracias por traducir en imágenes, videos y publicaciones nuestras ideas, locuras y enseñanzas. Pero sobre todo, gracias por tu amistad. Un día te dije que tenía pocos amigos, hoy sé que tengo muchos, y tú eres de los primeros que considero verdaderamente amigo. Tu talento ha sido una pieza fundamental para que nuestro mensaje llegue cada vez más lejos.

A Jessica Araluce, nuestra *well administrative*. Gracias por tu esfuerzo, tu lealtad y tu entrega absoluta en cada proyecto de Fernández Consultores Grupo Desarrollador. Has sido una pieza esencial. Tu presencia discreta pero poderosa ha sostenido este sueño en muchas etapas. ¡Gracias por tanto!

A todos los agentes de seguros que han confiado en mí... Gracias por permitirme acompañarlos en su proceso de transformación, por abrirme la puerta de sus sueños, de sus metas y de sus familias. Muchos vuelan hoy de manera independiente, y me siento profundamente orgulloso de ustedes. El trabajo fue suyo. Yo solo mostré el sistema... ustedes lo ejecutaron. ¡Gracias por demostrar que sí se puede!

A los miles de suscriptores en YouTube (@Fernandez Consultores), gracias por cada vista, cada comentario, cada video compartido. Cada contenido lo creamos con amor, con valor, pero sobre todo con un propósito: aportar inspiración, claridad y rumbo a tu camino.

A cada participante del programa "Thinking Into Results" en FC Coaching, gracias por creer en este proceso, por entregarse al estudio, a la transformación, por ser valientes y romper paradigmas.

A los cientos de participantes de Escuela para Agentes en Skool y a los miles que han participado en nuestros seminarios presenciales y virtuales: **¡Gracias totales!** Ustedes son el motivo por el que cada día nos levantamos a seguir dando más.

A Alan Rasgado, gracias por cruzarte en nuestro camino. Nos devolviste la certeza de que esta profesión tiene el poder de cambiar vidas. La tuya ya no es la misma... y sé que impactarás muchas más. Tu testimonio es prueba viva de lo que enseñamos: Ver Testimonio:

Caso de Éxito de Alan Rasgado

A mi mentor, el Dr. Marcelo González, gracias por mostrarme una nueva forma de vivir, de servir, de amar. Tu guía ha sido un faro en mi vida. Me has ayudado a convertirme en lo que hoy soy: conciencia, luz, servicio. Sin tu mentoría, mucho de esto no habría sido posible. Eres una de las razones por las que hoy tengo la claridad de compartir todo lo que sé, desde el amor.

A quienes han colaborado en nuestras empresas y hoy no están, gracias. Su paso dejó huella. Nadie avanza solo, y cada ladrillo que se colocó ayudó a levantar este edificio de propósito y visión.

A Dios, fuente de todo, gracias por haberme entregado este propósito tan claro, tan lleno de sentido. Gracias por las puertas abiertas, por las pruebas superadas, por los silencios que se convirtieron en guía y por permitirme descubrir que servir a otros es la forma más pura de éxito. Gracias por darme esta misión.

A mi madre, María de la Paz García, gracias por tu amor incondicional, por tu apoyo silencioso pero firme. Por estar ahí, siempre. Por darme las raíces que hoy sostienen mis alas.

A mis mentores y socios del pasado, cada uno dejó una enseñanza, y hoy sé que todo fue por algo. Con gratitud miro hacia atrás, y como decía Steve Jobs: *"No puedes conectar los puntos mirando hacia adelante; solo puedes conectarlos mirando hacia atrás"*. Hoy, al mirar hacia atrás, todo tiene sentido.

Gracias, gracias, gracias.

A Fernando Ramos, Araceli Traconis, Miguel Briceño, Landy Leal, Karla Herrera, César Orea, Dr. Antonio Orozco... gracias por su confianza, por sus aportes, por caminar a nuestro lado en esta visión.

Y por último, **gracias a ti, querido lector**, por llegar hasta aquí, por dejarme contarte esta historia, por escuchar con el corazón. Has querido saber cómo logré construir una carrera de éxito, y aquí tienes la respuesta: **con mentores, con aprendizaje, con tropiezos, con fe... y con una decisión firme de nunca rendirme.**

Esto apenas comienza.

—CÉSAR FERNÁNDEZ

CÉSAR FERNÁNDEZ

CÉSAR FERNÁNDEZ es Coach de Éxito, Agente de Seguros, Conferencista y fundador de Fernández Consultores Grupo Desarrollador S.C. Es un referente en la industria aseguradora en México, reconocido por su capacidad para transformar vidas a través de la educación financiera y el desarrollo personal.

Apasionado por transformar vidas a través de la protección financiera, se ha especializado en reclutamiento y formación de agentes de alto rendimiento, guiándolos para convertirse en empresarios líderes y agentes de cambio en sus comunidades. Su enfoque se basa en disciplina, técnica y el uso de métodos probados que han llevado a cientos de profesionales a alcanzar resultados sobresalientes en poco tiempo.

César ha ocupado cargos clave en instituciones como HSBC, Seguros Monterrey New York Life, GNP Seguros, Prudential México y diversas agencias, donde consolidó su visión de servicio, liderazgo y desarrollo humano. Reconocido por su capacidad para inspirar y crear equipos de alto desempeño, ha logrado integrar la experiencia bancaria y aseguradora para ofrecer soluciones que protegen patrimonios y fortalecen familias.

César vive con su esposa e hijo, quienes han sido la fuente principal de su motivación. Cree firmemente que la verdadera riqueza está en servir, enseñar y dejar un legado.

¡Felicidades por llegar hasta aquí!

Querido lector,

Primero que nada, quiero agradecerte por tomarte el tiempo de leer este libro. Lo escribí con la firme intención de **ayudarte a transformar tu vida**, y si llegaste hasta aquí, es porque estás listo para lograr grandes cosas.

Ahora, quiero pedirte un pequeño favor. Tu opinión no solo es importante para mí, sino que también puede ser **una guía valiosa** para otras personas que están buscando dar ese paso hacia su propio crecimiento.

Te pido que hagas dos cosas:

1. Comparte cómo este libro ha impactado tu vida.

2. Deja un comentario práctico y sincero en mi página de Amazon.

Es muy sencillo. Busca mi nombre o el título del libro en Amazon, y ahí podrás dejar tus palabras. Tus comentarios no solo me motivan a seguir escribiendo, sino que también ayudan a otros a tomar **la decisión** de cambiar sus vidas.

Si este libro te ayudó, ¡deja tu calificación y comentario! Yo estaré leyendo cada palabra con gratitud.

Gracias por acompañarme en este proceso. Estoy emocionado de ver cómo tomas lo aprendido, lo aplicas con determinación y comienzas a transformar tu vida de manera **extraordinaria**.

¡Te leo en Amazon!

CÉSAR FERNÁNDEZ

AGENDA UNA CITA

FC COACHING CO.

¿Listo para activar tu verdadero potencial?

Agenda una sesión con César Fernández y descubre cómo reprogramar tu mentalidad, elevar tu identidad financiera y comenzar a vivir desde la abundancia.

Descubre las estrategias prácticas que te ayudarán a tener resultados concretos.

¡El siguiente paso está en tus manos!

César Fernández

Coach de Éxito

Reserva Una Sesión Hoy

ESCANEAR AQUÍ

Reprograma tu mente, Transforma tu vida.

Sígueme En Mis Redes Sociales

LINKEDIN

WEBSITE

WHATSAPP +52 871 172 4159

EMAIL hola@fccoachingco.com

ESCANEA LOS CÓDIGOS CON TU CELULAR

Sígueme En Mis Redes Sociales

YOUTUBE

FACEBOOK

INSTAGRAM

TIKTOK

ESCANEA LOS CÓDIGOS CON TU CELULAR

¿Tienes una historia para contar?

Nos gustaría escucharla...

TU HISTORIA
MERECE SER CONTADA

En Editorial Misión creemos que **tu historia puede transformar vidas**.

Te acompañamos desde la idea hasta el libro terminado, para que **tu testimonio inspire y deje huella**.

- Escuchamos tu historia
- Le damos forma y estructura
- Escribimos y editamos contigo
- Diseñamos y publicamos
- Te ayudamos a compartirlo con el mundo

Da el primer paso HOY

MISIÓN

WhatsApp: +1-480-278-6083
info@editorialmision.com
www.EditorialMision.com